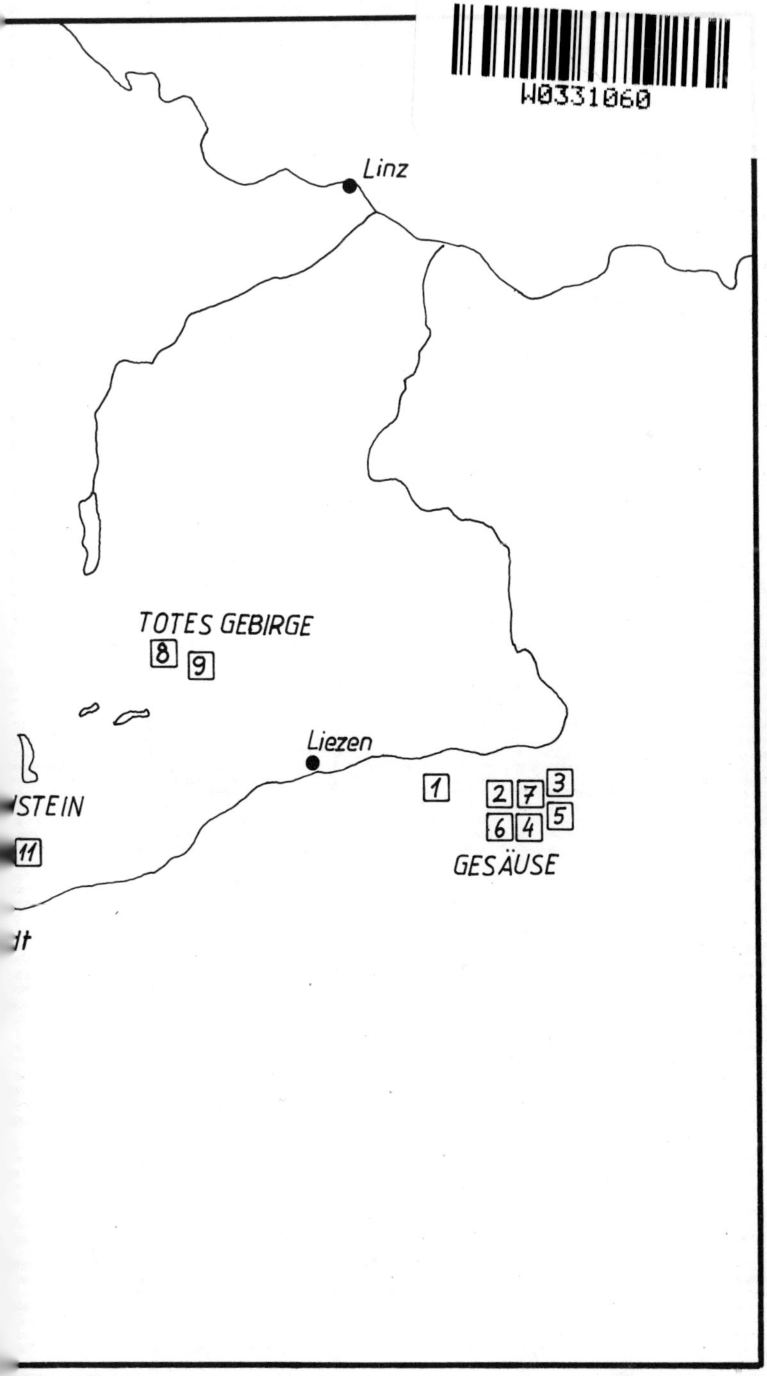
Linz
TOTES GEBIRGE
8
9
Liezen
1
2
7
3
5
6
4
GESÄUSE
STEIN
11
lt

Horst Heller
Nördliche Kalkalpen

Horst Heller

Nördliche Kalkalpen

82 Klettertouren und Varianten
zwischen Gesäuse und Alpstein.
29 Schwarzweiß- und 14 Farbfotos,
69 Anstiegsskizzen

Verlag J. Berg

Umschlaggestaltung: Wolfgang Lauter
unter Verwendung eines Fotos von Horst Heller.

Umschlagfoto: In der Riesenverschneidung,
Hochkogel-Westnordwestwand, Tennengebirge.

Foto gegenüber dem Titel:
In der Neuen Südwand der Westlichen Hochgrubachspitze,
Wilder Kaiser.

Alle Fotos, außer auf S. 157, vom Autor.
Foto S. 157: U. Koblitz.

Die Anstiegsskizzen stammen vom Autor.

Autor und Verlag bemühen sich um zuverlässigste Information.
Fehler und Unstimmigkeiten sind jedoch nicht auszuschließen.
Eine Garantie für die Richtigkeit der Angaben kann deshalb
nicht gegeben werden.
Eine Haftung für Schäden oder Unfälle wird aus keinem
Rechtsgrund übernommen.

ISBN 3-7634-1054-6

Druck und Bindung: Kösel, Kempten

Inhalt

Ein Auswahlführer in Sachen alpiner Fels?

Aus den rund zwanzig Gebirgsgruppen der Nördlichen Kalkalpen, die zusammen x-tausend Führerseiten füllen, aus Abertausenden von Touren und Varianten 82 in einen Auswahlband zu zwingen – mit welcher Berechtigung tut man das? Und erst recht wenn, wie im vorliegenden Falle, die Auswahl überwiegend anspruchsvolle Routen umfaßt, sich also an den erfahrenen Alpinkletterer richtet?
Immer wieder haben meine Kletterpartner und ich die Erfahrung gemacht, daß der Aktionsradius mancher auch sehr guter Kletterer begrenzt scheint. Man geht oft dorthin, wo man schon etwas kennt, wo einen die altvertrauten Berge erwarten. Bestimmte Berggebiete haben ihre traditionellen „Einzugsbereiche", obwohl andere Gebiete kaum weiter entfernt liegen und kaum ungünstiger erreichbar sind. Hier setzt der vorliegende Führer an. Er soll dem fortgeschrittenen und dem extremen Kletterer Anregungen liefern für das, was in dem riesigen Kletterparadies „Nördliche Kalkalpen" außer Fleischbank-Ostwand und Schüsselkarspitze-Südwand noch möglich ist.
Dabei wird der Begriff „Nördliche Kalkalpen" recht frei gehandhabt: Erfaßt ist das Gebiet, das aus dem Raum München/Südbayern übers Wochenende bzw. übers verlängerte Wochenende erreichbar ist. Für dieses „monacozentrische" Weltbild bitte ich um Nachsicht. Es bedeutet, daß einerseits die Kalkalpen des „Fernen Ostens", östlich des Gesäuses nicht mehr berücksichtigt sind. Andererseits wurden im Westen die genaugenommen gar nicht mehr zu den Nördlichen Kalkalpen gehörenden Gruppen des Alpsteins (Helvetikum der Westalpen) und des Rätikons (Zentralalpen) vereinnahmt. Die Spanne zwischen Gesäuse und Kreuzbergen dürfte etwa das Maximum dessen sein, was sich innerhalb der gegebenen Zeit unter Berücksichtigung der Verkehrsverhältnisse erreichen läßt.
Routen auszuwählen, zumal aus einer solchen Überfülle von Möglichkeiten, ist nicht leicht. Einerseits wurde eine gewisse Gleichmäßigkeit der räumlichen Verteilung angestrebt, um das gesamte Gebiet abzudecken. Andererseits glaube ich persönlich (ohne damit jemandem weh tun zu wollen), daß die reichsten Klettergründe doch eher im Osten des behandelten Gebietes, im Berchtesgadener und im Salzburger Land liegen. Bei der Auswahl haben mich meine Freunde, Bekannten und Kletterpartner maßgeblich unterstützt.

Ohne ihre, zum Teil gewaltigen, Erfahrungsschätze wäre dieses Buch nicht zustande gekommen. Wir haben uns gemeinsam bemüht, wirklich lohnende, genußvolle Klettereien in gutem Fels auszusuchen. Aber natürlich ist eine Auswahl letzten Endes immer subjektiv! So war zum Beispiel ein ganz wichtiges Kriterium der Felsqualität die Rauheit des Gesteins. Wer einmal etwa die Fleischbank-Südostwand begangen hat und auf den künstlich herausgeschlagenen, marmorglatt polierten Tritten unterm Rossi-Überhang kaum noch stehen und sich in den abgespeckten Rissen kaum noch festhalten konnte, der wird dies sicher verstehen. Der Schwerpunkt der Auswahl liegt auf Touren im Bereich der Schwierigkeitsgrade V bis VI-. Ich hoffe aber, daß auch der Fortgeschrittene, der den IVer im Gebirge beherrscht, genügend Anregungen findet, die ihn evtl. auch an die höheren Grade heranführen. Sowohl von der Schwierigkeit als auch vom Charakter der Touren her ist ein weiter Spielraum gegeben: Es finden sich kurze, leichtere, südseitige Routen für die ersten Kletterversuche des Jahres ebenso wie knallharte südseitige Routen für die Hochformzeit im Spätherbst und Nordwandtouren Marke „abendfüllend“ für den Hochsommer. Auch hier wollte ich die ganze Spannweite aufzeigen, die die Nördlichen Kalkalpen zu bieten haben. Es ist wohl nicht verkehrt, vielen dieser Routen den Rang „Moderner Klassiker“ zuzusprechen.

Nur der Gehfaule wird sich bei der Tourenauswahl nicht unbedingt wiederfinden. Aber erstens hält sich die Zustiegslänge ganz gut an die Faustregel 2 Stunden plus/minus 50%, zweitens hat Zufußgehen noch niemandem geschadet.

Es sei darauf hingewiesen, daß dieser Führer *alpine Klettertouren* behandelt. Wenn wir nicht schon selbst erlebt hätten, wie Leute, die kurz zuvor noch VIIer-Stellen geklettert hatten, sich nicht getrauten, einen nächtlichen Schutthang abzufahren, wäre dieser Hinweis überflüssig. Voraussetzung für die Durchführung solcher Touren ist nicht nur die Beherrschung der jeweiligen Maximalschwierigkeiten, sondern ebenso Schnelligkeit und Sicherheit in leichtem Fels und in Schrofen, Orientierungsvermögen sowie Beherrschung der Sicherungstechnik (Hakenschlagen, Klemmkeillegen, Sanduhrenerkennen, Köpfelausnützen, Standplatz- und Abseilstellenbauen). Das Überhandnehmen des Bohrhakens hat das allgemeine Sicherheitsbewußtsein in lebensgefährliche Tiefen absinken lassen. Man glaubt es kaum, was für Schwierigkeiten mancher technisch hervorragende Kletterer damit hat, einen Felshaken ein- oder herauszudreschen, und mit welcher Sorglosigkeit manche an einem einzelnen Rosthaken Stand beziehen oder gar abseilen.

Vielleicht sollte man auch darauf hinweisen, daß die Klettersaison im Gebirge oft länger ist, als mancher annimmt. In den trockenen, schneearmen Frühwintern der letzten Jahre konnte man bis weit in den Dezember hinein klettern. In Schönwetterperioden sind manche Routen durchaus auch im Hochwinter begehbar, und ab April braucht eigentlich niemand mehr Skitouren zu gehen, dem nicht der Sinn danach ist. Natürlich wird man herausfinden müssen, welche Zu- und Abstiege überhaupt möglich oder verkraftbar sind, welche kurzen, südseitigen, exponierten, riß- und kaminarmen Touren überhaupt in Frage kommen. Man wird auch lernen, wie überraschend schnell bestimmte Routen nach Regen wieder abtrocknen, während andere, in die Schmelzwasser hineinrinnen kann, noch länger naß bleiben.

Am Zustandekommen dieses Büchleins haben meine Klettergefährten, Freunde und Bekannten wesentlichen Anteil. Mit Rat und Tat unterstützt haben mich Werner Brand, Jakob Kellner, Uli Schöppler, Ralf Tenbrink, Tobias Licklederer, Nico Mailänder, Robert Kölbl, Marcus Lutz, Helmut Krämer, Uwe Koblitz und Sepp Jöchler. Ihnen allen gilt mein aufrichtiger Dank. Besonders erwähnen muß ich Walter Hadersdorfer, der nicht nur mein „alpiner Lehrmeister" war, sondern der auch dieses Buch unmittelbar angeregt hat.

Allen Kletterern wünsche ich, daß ihnen über dem Abenteuer des Kletterns nicht das große, ganzheitliche Erlebnis der Berge entgehe. „Eines ist gewiß: Es wird nie darauf ankommen, wie weit man reist, wie hoch und wie schwer man steigt, sondern immer darauf, was man von seinen Wegen an Erleben mit heimbringt." (Karl Lukan)

Bemerkungen zum Gebrauch des Führers

Schwierigkeitsangaben: Angabe nach der UIAA-Skala nach folgendem Schema: Maximalschwierigkeit der „üblichen" Freikletterstellen in konventioneller Kletterei (Länge dieser Schwierigkeiten), durchschnittliche bzw. überwiegende Schwierigkeiten der Freikletterei, Schwierigkeit der „üblichen" hakentechnischen Passagen (Länge dieser Schwierigkeiten). Schwierigkeit bei freier Durchkletterung. Was die Schwierigkeit bei konventioneller Kletterei betrifft, so hängt diese natürlich von den verwendeten Haken ab und ist daher veränderlich. Das ist mit der Bezeichnung „übliche" Frei- bzw. Hakenkletterstellen gemeint. Als maximale zwingende Freikletterschwierigkeit kommt bei drei Touren bzw. Varianten der Grad VII– vor.

Zeitangaben: Sie beziehen sich auf durchschnittlich schnelle Geher und Kletterer und berücksichtigen keine Pausen.

Zustiege: Ausgangs- und Endpunkte des Klettertages werden immer mehr die Parkplätze und immer weniger die Hütten. Darauf wurden die Beschreibungen abgestimmt. Angegeben ist stets zuerst die Zufahrt, ausgehend von einem Talort, der auf allgemeinen Karten eingezeichnet ist. Mit „P" ist die Parkmöglichkeit am Ende der Zufahrt bezeichnet. Die Zeitangaben für die Zustiege beziehen sich auf die Strecke Parkplatz – Einstieg. Zur Wegfindung ist für Gebietsneulinge die Mitnahme einer guten Karte (AV-Karte oder amtliche topographische Karte) Voraussetzung. Da eine weitgehende Ausstattung des Buches mit *guten* Wandfotos aus vielerlei Gründen nicht möglich war, wurde größter Wert darauf gelegt, die Einstiegsstellen genauestens zu beschreiben. Skizze und Text sollen sich hierbei ergänzen.

Abstiege: Beschrieben sind die kürzesten bzw. günstigsten Abstiege. Den Angaben und einer guten Karte kann man entnehmen, ob der Abstieg wieder am Einstieg oder in dessen Nähe vorbeiführt, also ob man Gepäck deponieren kann oder dieses mitnehmen muß.

Skizzen: siehe Zeichenerklärung.

Sicherung und Ausrüstung: Als selbstverständlich vorausgesetzt wird die Verwendung von 45-m-Doppelseilen. Einfachseile eignen sich außer für den Klettergarten höchstens noch fürs Alpinmuseum. Ebenso vorausgesetzt wird pro Seilschaft das übliche komplette Sortiment Sicherungsmittel, nämlich je ein Satz Stopper und Friends (alternativ Hexentrics), Bandschlingen (nicht nur Expreß!) und, auch wenn manche darüber lächeln mögen, Hammer und ein paar Haken. Wer oft im Gebirge klettert, weiß, daß diese nach wie vor unersetzlich sind! Auf die Notwendigkeit bestimmter Sicherungsmittel, z. B. besonders großer Keile oder mehrerer solcher, wird fallweise hingewiesen Auf Einzeichnung von Haken in die Routenskizzen wurde bewußt verzichtet, denn erstens ändert sich deren Zahl immer wieder („Freistürzen", Ausnagelungskampagnen, Hakenschlagen, Einbohren), zweitens muß der Kletterer in der Lage sein, je nach persönlichem Bedarf selbst Sicherungen anzubringen.

Von den sonstigen Ausrüstungsgegenständen ist die Stirnlampe, evtl. mit Ersatzbatterie, der wichtigste. Ebenso selbstverständlich ist eine leichtgewichtige Wetterschutzbekleidung (Gewitterregen!). Ich habe mit gummiertem Nylonmaterial gute Erfahrungen gemacht – der weitverbreitete K-Way dagegen hält nicht lange. Wir klettern die schwereren Touren möglichst ohne Rucksack, binden uns die Kleidung um und hängen die Ausrüstung oder die Turnschuhe für den Abstieg an den Klettergurt. Oft verwenden wir auch Nierentaschen („Wimmerl"), weil diese näher am Körperschwerpunkt sitzen als Rucksäcke. Auf lange Touren nehmen wir meist einen Rucksack mit, den der Seilzweite trägt.

Abkürzungen

AV	Alpenverein
AVF	Alpenvereinsführer
bez.	bezeichnet
BH	Bohrhaken
DAV	Deutscher Alpenverein
E	Einstieg
Gef.	Gefährte(n)
H	Haken
LKS	Landeskarte der Schweiz
mark.	markiert
Mark.	Markierung
Min.	Minuten
nördl.	nördlich/nordwärts
östl.	östlich/ostwärts
P	Parkmöglichkeit
P.	Punkt (Höhenkote)
SL	Seillänge(n)
südl.	südlich/südwärts
Std.	Stunde(n)
UIAA	Union Internationale des Associations d'Alpinisme
u. U.	unter Umständen
westl.	westlich/westwärts

Zeichenerklärung

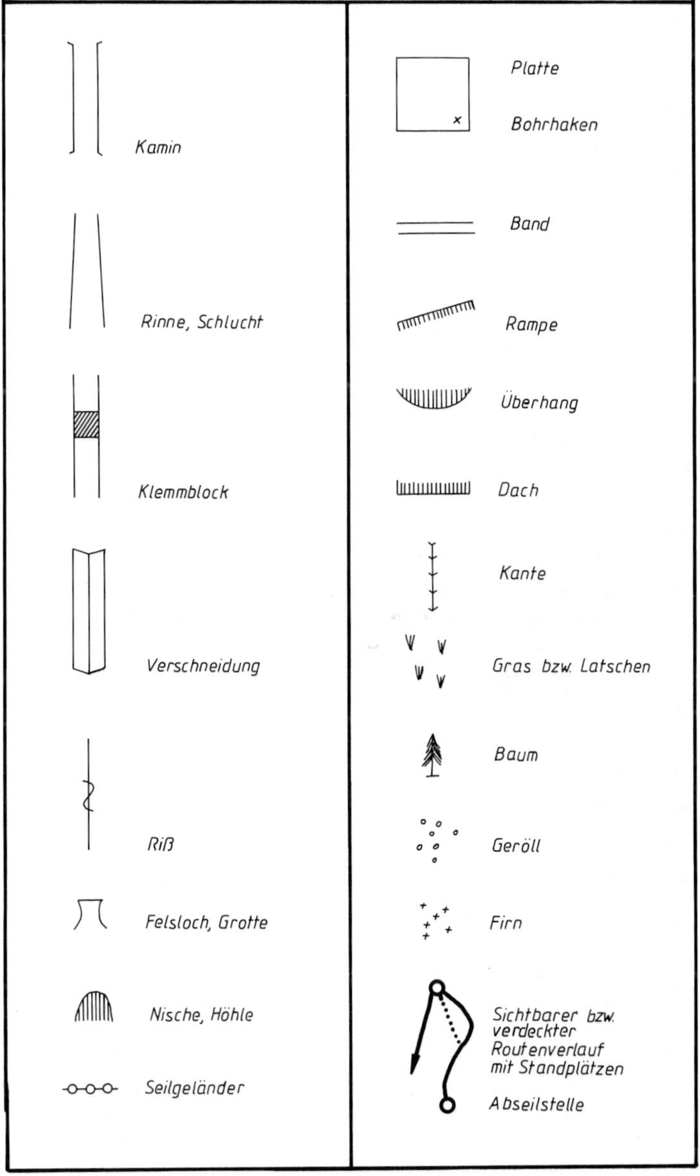

Das Gesäuse

heißt offiziell „Ennstaler Alpen", nur sagt das keiner. „G'ßeiß" nennen die Wiener diese ihre Hausberge.
Seit jeher waren es die Bergsteiger Wiens und des Wiener Einzugsbereiches, die Neuland im Gesäuse suchten und fanden. Namen tauchen aus der Vergessenheit auf: Heinrich Heß, der 1884 mit seinem „Gesäuseführer" den ersten deutschen Alpinführer überhaupt schrieb. Thomas Maischberger, der nach einem Unfall im winterlichen Dachstein mit einer Prothese noch ein Leben lang auf schwere Berge stieg. Heinrich Pfannl, der Haupterschließer des Gesäuses um die Jahrhundertwende. Hubert Peterka, der in seinem Leben weit über 500 Neutouren beging. Fritz Kasparek, einer der Erstersteiger der Eiger-Nordwand. Karl Poppinger, der schon in den dreißiger Jahren die Einführung des 7. Grades forderte, und dem 1931 mit seinen Gefährten eine der größten Kaukasustouren, die Überschreitung der Besingimauer gelang.
Damals, in der „goldenen" Bergvagabundenzeit fuhr der Gesäusezug jeden Samstag um 14 Uhr 40 am Wiener Westbahnhof ab. Die Fahrkarte galt bis Selzthal und kostete 14,70 Schilling, was damals auch nicht gerade geschenkt war. Doch bekamen die besonders aktiven Bergsteiger von ihren Sektionen alle zwei, drei Wochen eine Freikarte. In Amstetten hielt der Zug länger, es gab Würstl und Bier und die Bergsteiger aus dem Wiener Umland stiegen zu. Fast ein jeder kannte fast einen jeden. Die Fahrt ins Ennstal hinauf verging mit Gaudi und Gesang. In Gstatterboden konnte man im bescheidenen Häuschen der Ditz-Muatta für 50 Groschen nächtigen, und wer von den Bergvagabunden gar kein Geld hatte, der durfte gratis im Heu schlafen.
Oder man ging auf die Haindlkarhütte, damals natürlich noch auf die alte, zu der nur die richtigen Bergsteiger Zutritt hatten, keine „Jochbummler und Hüttenwanzen". Doch solche hätten es dort unter den wilden Klettergesellen wohl auch schwerlich ausgehalten. Bei gutem Wetter vielleicht, da waren diese unterwegs. Bei Schlechtwetter aber lungerten sie in der Hütte herum und heckten nur Unfug aus.
Wichtigstes Inventarstück war der riesige Felsblock, unter den sich das Hütterl duckte. Zahllose Boulderrouten überzogen ihn; Routen die man gemacht haben mußte. Den „Warzensteig" aber schaffte nur Karl Poppinger. Das neideten ihm seine Kumpane, also hetzten sie den Meister auf sein Meisterstück und pinkelten von oben auf den

In der Dachl-Nordwand.

entscheidenden Griff, eine winzige Felswarze. Doch Poppinger kam trotzdem hinauf.

Die Wochenenden jener Bergvagabundenzeit waren kurz: Am Sonntag fuhr der Gesäusezug schon um 16 Uhr 30 in Gstatterboden Richtung Wien ab, und er hielt weder am Gesäuseeingang noch am Hp. Johnsbach. Hatte man den Abstieg von der Tour gerade noch mit knapper Not bis dorthin geschafft, so blieb nur noch eins übrig: Einer spielte den Verletzten, wurde flugs verbunden und jammernd zur Station getragen. Der diensthabende Eisenbahner ließ den Zug dann halten, und die ganze Bande, mit dem „Verletzten" an der Spitze, sprang schleunigst an Bord ...

1 Kalbling (2196 m)
Westwand, „Pelikan-Riebe"

Erstbegeher: H. Pelikan und F. Riebe, 1907.
Schwierigkeit: IV– (Stellen), meist II bis III.
Charakter: Schöne, oft begangene Kletterei. Aufgrund der Exposition und des leichten Abstieges auch früh oder spät im Jahr zu empfehlen.
Kletterlänge: ca. 250 m, Zeit: ca. 2 Std.
Zustieg: Von Admont im Ennstal führt eine Straße nach S über die Kaiserau (ab hier Maut) zur Oberst-Klinke-Hütte (P), 1486 m. (Hierher zu Fuß vom Kastenknecht an eben dieser Straße.) Der Normalweg zum Kalbling führt direkt unter der Wand vorbei. Am Wandfuß springt rechts der Gipfelfallinie ein markanter, giebelartiger Vorbau heraus. Einstieg an der von rechts nach links hinaufziehenden Rampe. Ca. 1 Std.
Abstieg: Über den bezeichneten Normalweg ca. 1½ Std. zur Hütte.
Weitere Routen: Der Kalbling ist einer der Kletterberge mit der höchsten Routendichte im Gesäuse. An der Westseite sei die „Herbst-Scholz" (IV), die „Denggführe" (V+/A0) und der schwierige „Scheiblehnerriß" (V+/A1 oder VII–) genannt, an der Südseite der vielbegangene Südgrat (IV–).

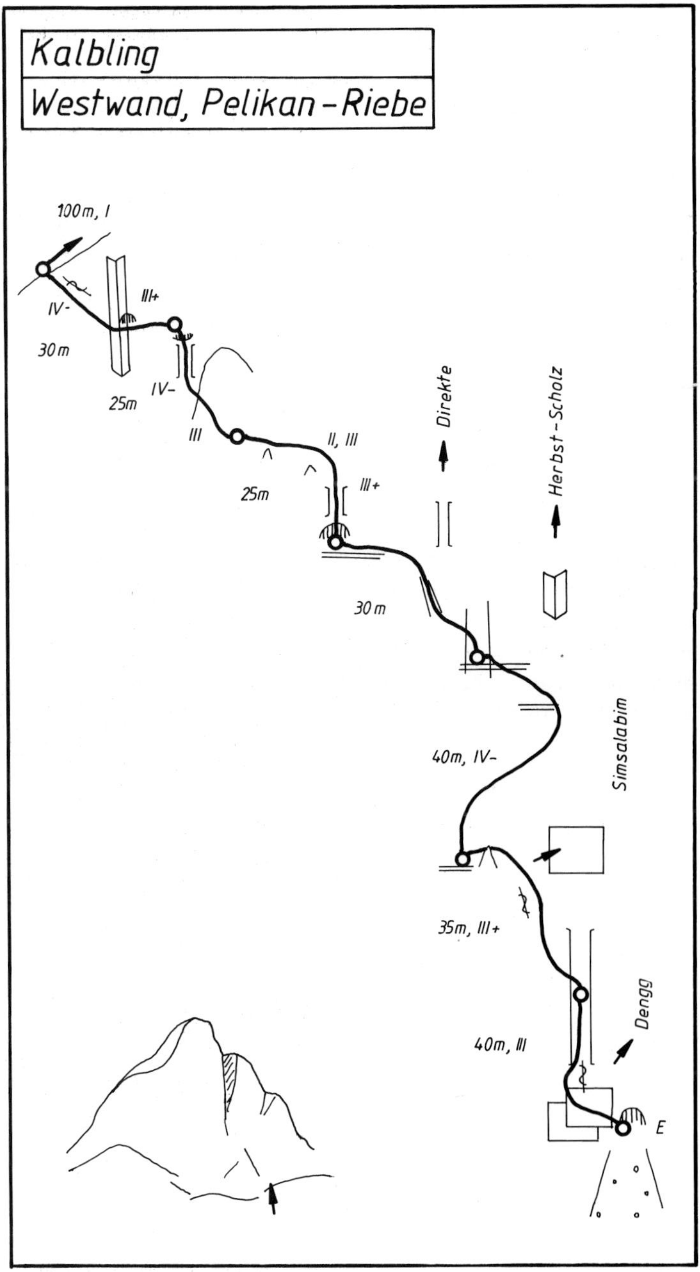
Kalbling
Westwand, Pelikan-Riebe
100m, I
IV-
III+
30m
25m
IV-
III
II, III
25m
III+
Direkte
Herbst-Scholz
30m
Simsalabim
40m, IV-
35m, III+
Dengg
40m, III
E

2 Festkogel (2261 m)
Direkte Südwestwand

Erstbegeher: H. Peterka und H. Schwanda, 1932.
Schwierigkeit: V– (2 Passagen), meist IV bis IV+.
Charakter: Klassischer Anstieg; schöne Riß-, Verschneidungs- und Plattenkletterei.
Wandhöhe: ca. 350 m, Zeit: ca. 3 Std.
Zustieg: Von der Gesäusestraße auf kleinem Sträßchen nach Johnsbach, bis zum Kölblwirt (P), 900 m. Auf markiertem Weg Richtung Heßhütte, an der Gabelung links Richtung Rinnersteinwand. Wo der Weg nach rechts abbiegt (Gedenktafel), gerade weiter auf kleinem Steiglein durch die Latschen und nördl. in das kleine Schuttkar links des markanten Rinnerstein SW-Pfeilers. Auf dessen W-Seite über eine rinnenförmige, begrünte Felsrampe (Stellen II) schräg hinauf ins SW-Wand-Kar. Einstieg am Fuß der markanten Rißverschneidung in Wandmitte in Gipfelfallinie. Ca. 2¼ Std.
Abstieg: Vom Gipfel schräg nordöstl. über Bänder und Stufen ins Schneekar (Schneeloch der AV-Karte, ½ Std.) und auf dem Weg nach Johnsbach.
Weitere Routen: siehe Tour 6.

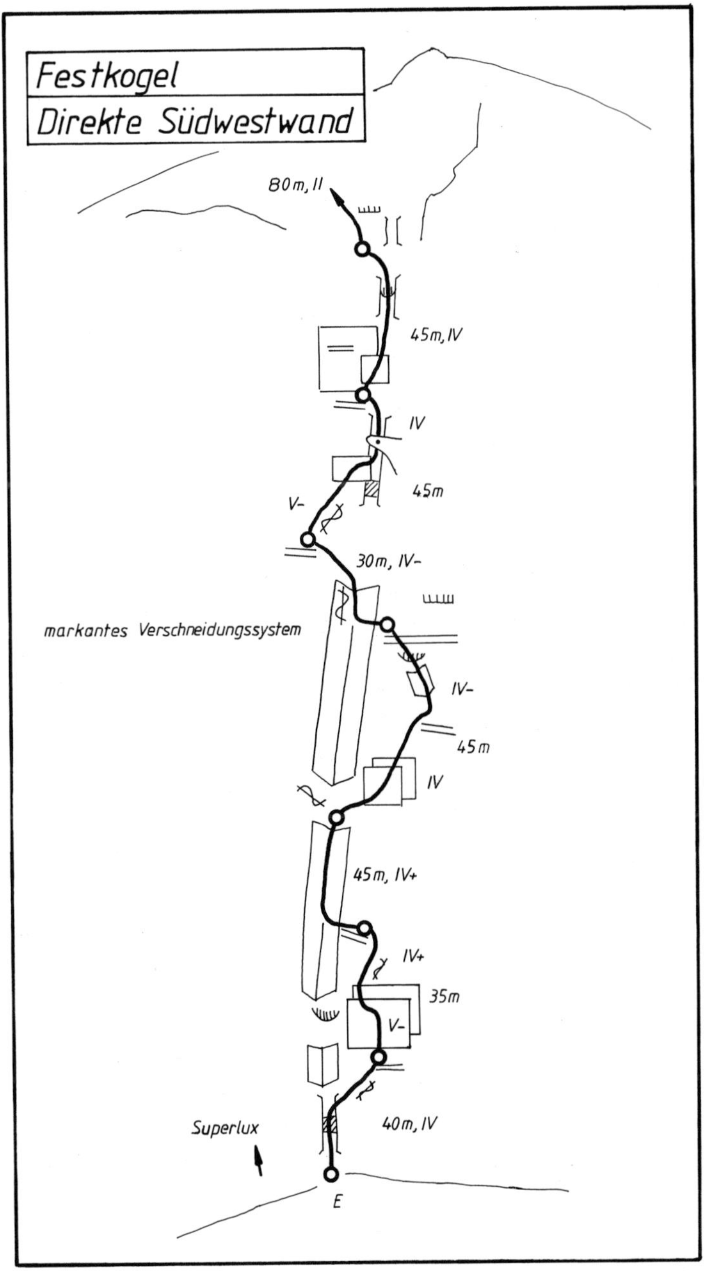
Festkogel
Direkte Südwestwand
80m, II
45m, IV
IV
45m
V-
30m, IV-
markantes Verschneidungssystem
IV-
45m
IV
45m, IV+
IV+
35m
V-
40m, IV
Superlux
E

3 Planspitze (2114 m) Nordwand, „Kloseweg"

Erstbegeher: R. Klose und F. Schmid, 1934.
Schwierigkeit: V (mehrere SL), meist IV, A0 (2 Stellen).
Charakter: Großartige, anspruchsvolle Kletterei in festem Fels, meist Risse und Kamine.
Wandhöhe: ca. 750 m, Kletterlänge: ca. 950 m, Zeit: ca. 6–7 Std.
Zustieg: Von der Ennsbrücke bei Gstatterboden (P), 578 m, eine Forststraße östl. hinauf, bei der Gabelung rechts und weiter bis etwa 400 m nach der dritten Kehre. Hier nach links in den Planspitzgraben (Bachbett), der direkt zum Einstiegskamin unter der Roten Rinne hinaufführt. Ca. 2 Std.
Abstieg: Auf markiertem Normalweg („Wasserfallweg", Versicherungen und Eisenleitern) nordöstl. nach Gstatterboden hinab. Ca. 2½ Std.
Weitere Routen: An der Planspitze gibt es viele lohnende Möglichkeiten, z. B. den „Akademikerweg" (IV+), den „Weg der Freunde" (V+), die Direkte NW-Wand (VI–) oder das „Laue Lüfterl" (VI+).

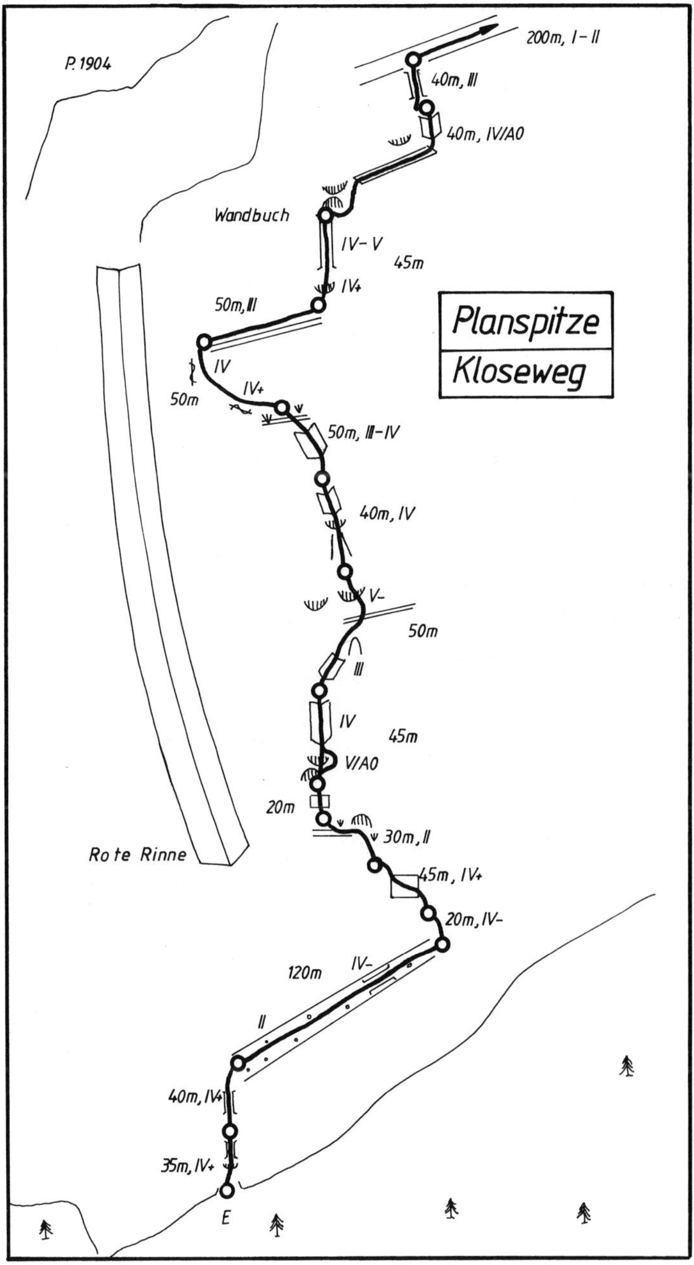
P. 1904
200m, I – II
40m, III
40m, IV/A0
Wandbuch
IV– V
45m
IV+
50m, III
Planspitze
Kloseweg
IV
IV+
50m
50m, III–IV
40m, IV
V–
50m
III
IV
45m
V/A0
20m
30m, II
Rote Rinne
45m, IV+
20m, IV–
120m
IV–
II
40m, IV+
35m, IV+
E

4 Schneekarturm (2103 m) Südostpfeiler

Erstbegeher: K. Hoi, H. Stelzig und F. Taxböck, 1966.
Schwierigkeit: VI– (2 Stellen), mehrfach V, A0 (2 Stellen, frei VI).
Charakter: Steile, ausgesetzte, prächtige Kletterei, fast das ganze Jahr über begehbar.
Wandhöhe: ca. 200 m, Kletterlänge bis zum Gipfel: ca. 350 m, Zeit: ca. 3 bis 4 Std.
Zustieg: Wie Tour 2, doch bei der Gedenktafel weiter auf dem Weg zum Hochtor bleibend, den man bis ins Schneekar verfolgt. Der Schneekarturm ist auf der AV-Karte zwar in der Felszeichnung wiedergegeben (unmittelbar rechts vom Schriftzug „Festkogl"), jedoch weder namentlich noch durch eine Höhenkote gekennzeichnet! Von rechts (oben) her auf das große Band im unteren Teil der SO-Wand. Einstieg links einer markanten Verschneidung, die eine Bresche durch wulstartige Überhänge schlägt. Ca. 2 Std.
Abstieg: Vom Pfeilerkopf über den Grat zum Gipfel und weiter zur Schneekarscharte. Durch das Kar zum Wandfuß hinab (ca. ½ Std.) und nach Johnsbach.
Weitere Routen: Der Südwandriß (V+/A1), die beiden Südwandrouten (V+ und V), die S- Wand des SO-Pfeilers (VI–).

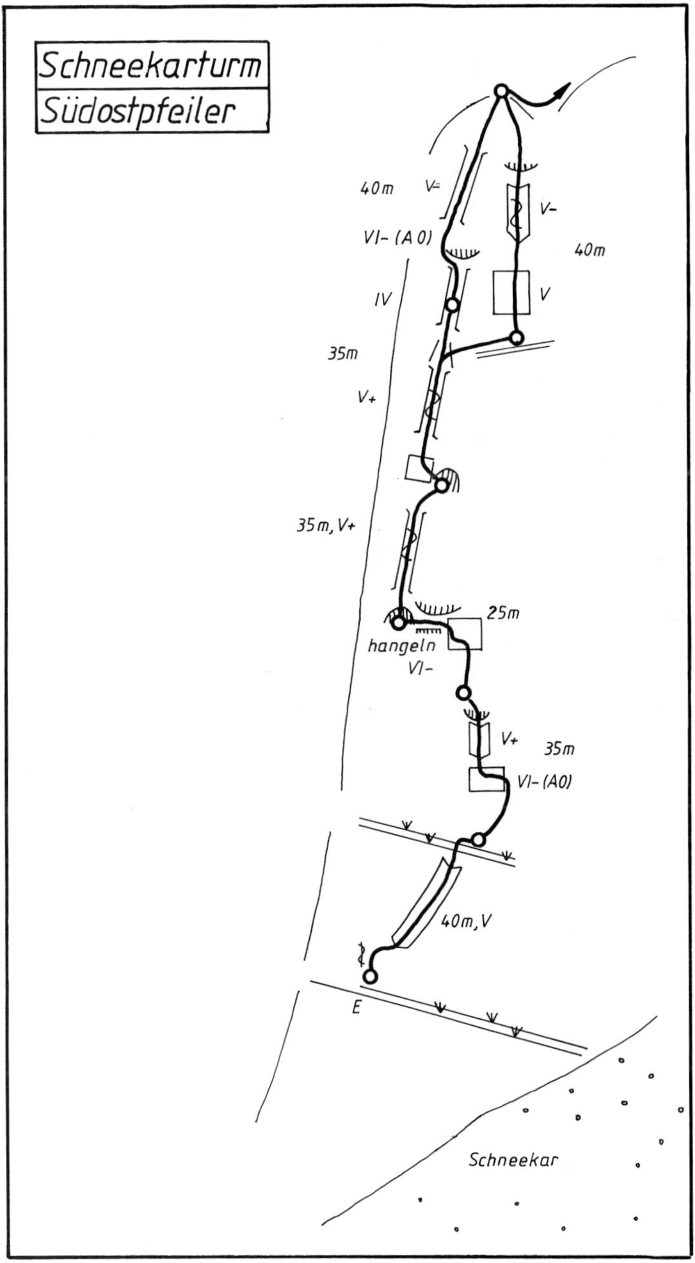
Schneekarturm
Südostpfeiler
40m
V-
VI- (A 0)
V-
40m
IV
V
35m
V+
35m, V+
25m
hangeln
VI-
V+
35m
VI- (A0)
40m, V
E
Schneekar

5 Peternschartenkopf (2057m) Direkte Nordwestwand

Erstbegeher: R. Lindner und H. Wagner, 1963.
Schwierigkeit: VI– (mehrere Passagen), oft V und V+, A0 (mehrere Passagen). Frei VII–.
Charakter: Großartige, ausgesetzte Riß- und Verschneidungskletterei mit einer originellen Höhlenseillänge. Bis auf wenige Stellen fester Fels.
Wandhöhe: ca. 500 m, Zeit: ca. 5 bis 7 Std.
Zustieg: 200 m südwestl. von der Ennsbrücke bei Gstatterboden (P), 578 m, zweigt eine Forststraße ab (AV-Karte „Wegmacher"). Nicht auf dieser, sondern auf dem unmittelbar an der Schranke abzweigenden Weg (Höllersteig, Steinmänner) bis unter die Wände der Planspitze. Sobald man am Fuße des Planspitzen-NW-Gratpfeilers auf den „Bergführersteig" stößt, biegt man auf diesem nach rechts ab und folgt ihm bis in den Kessel unterhalb der Planspitze NW-Wand. Weiter auf Bändern nach rechts um einen Rücken in die Rinne, die von der riesigen N-Verschneidung des Peternschartenkopfes nach unten zieht. In dieser ca. 100 Höhenmeter hinauf zum Einstieg am Rinnenende. Die wasserüberronnene 1. SL und mehrere Felslöcher in der Verschneidung sind schon vom Einstieg sichtbar. Ca. 2¼ Std. Hinweis: Stößt man auf dem Bergführersteig auf eine Leiter, so ist man schon südwestl. an der Einstiegsrinne vorbei! Weitere Zustiegsmöglichkeit auf eben diesem Bergführersteig von der Haindlkarhütte aus: Auf dem vielbegangenen Peternpfad Richtung Planspitze, bis bei P. 1644 der Bergführersteig abzweigt (Hinweistafel). Über den teilweise versicherten Steig, und hinter der zweiten Leiter nach rechts zur erwähnten N-Verschneidung hinauf.
Abstieg: Auf markiertem Weg flach zur Planspitze hinüber und wie bei Tour 3 über den „Wasserfallweg" nach Gstatterboden. Bei Aufbruch von der Haindlkarhütte in die umgekehrte Richtung über den Peternpfad (versicherter Steig, II) ins Kar hinab. Ca. 1¼ Std.
Weitere Routen: Besonders schöne mittelschwere Routen: die Nordostwand (IV+) und die Nordwand (IV+, mit Direktvariante VI–/A0).

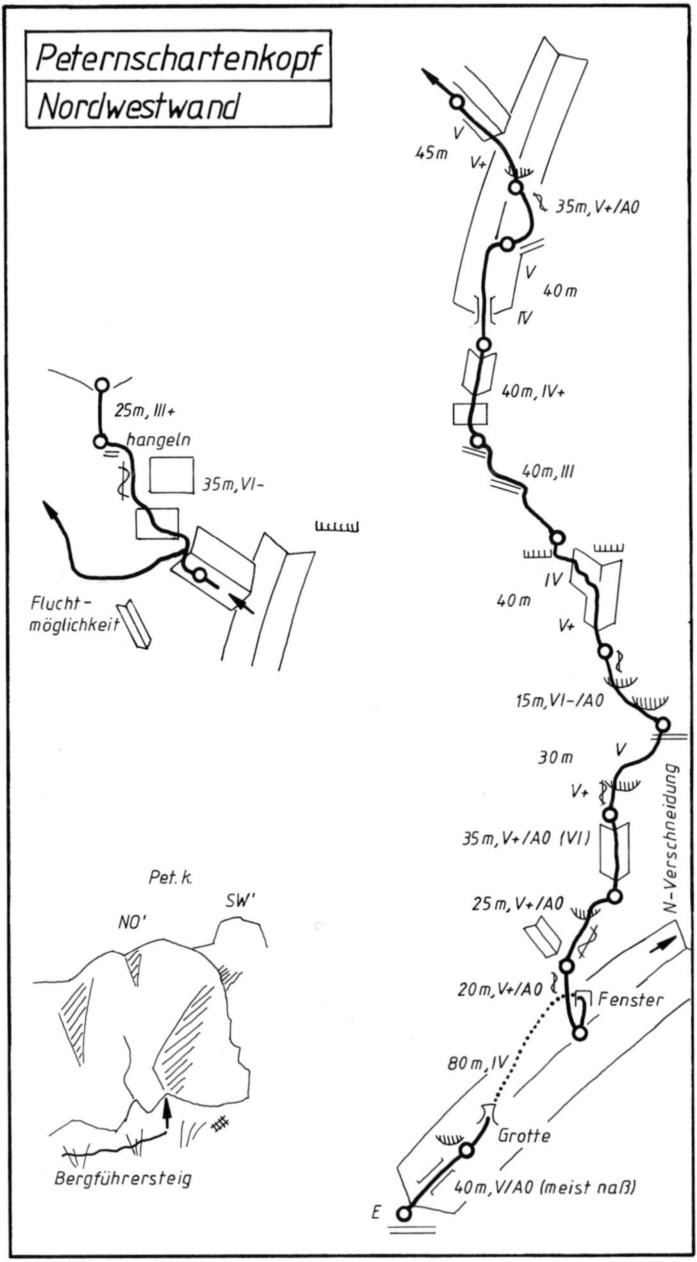
Peternschartenkopf
Nordwestwand
V
45m
V+
35m, V+/A0
V
40 m
IV
40m, IV+
40m, III
IV
40 m
V+
15m, VI-/A0
30 m
V
V+
35 m, V+/A0 (VI)
25 m, V+/A0
20 m, V+/A0
Fenster
80 m, IV
Grotte
40 m, V/A0 (meist naß)
E
N-Verschneidung
25m, III+
hangeln
35m, VI-
Flucht-
möglichkeit
Pet. k.
NO'
SW'
Bergführersteig

6 Festkogel (2261 m) Südwestwand, „Superlux“

Erstbegeher: K. Hoi und H. Stelzig, 1981.
Schwierigkeit: VI+ oder A0 (Stelle), mehrfach VI–.
Charakter: Plattenkletterei von besonderer Eleganz und Schwierigkeit. Hervorragender Fels, schnell trocken.
Wandhöhe: 350 m, Zeit: ca. 4–5 Std.
Zustieg: wie bei Tour 2. Einstieg bei einer kleinen Nische 15 m links von dieser, unter plattigen Wänden. Als Anhaltspunkt dient eine ca. 25 m breite Dächerzone in ca. 20 m Höhe, an der man nur links („Wiener Führe“) und rechts („Superlux“) vorbeikommt.
Abstieg: wie Tour 2.
Weitere Routen: Die Festkogel-SW-Wand zählt zu den besten Klettergebieten des Gesäuses und hat wegen ihrer Exposition und ihres Plattenfelses lange Saison. Lohnende Anstiege sind z. B. der „Steyrerweg“ (IV+), die „Wiener Führe“ (VI–), „Mordillo“ (VI+), der „Eitzenbergerpfeiler“ (V) oder die „Simoneverschneidung“ (VI–).

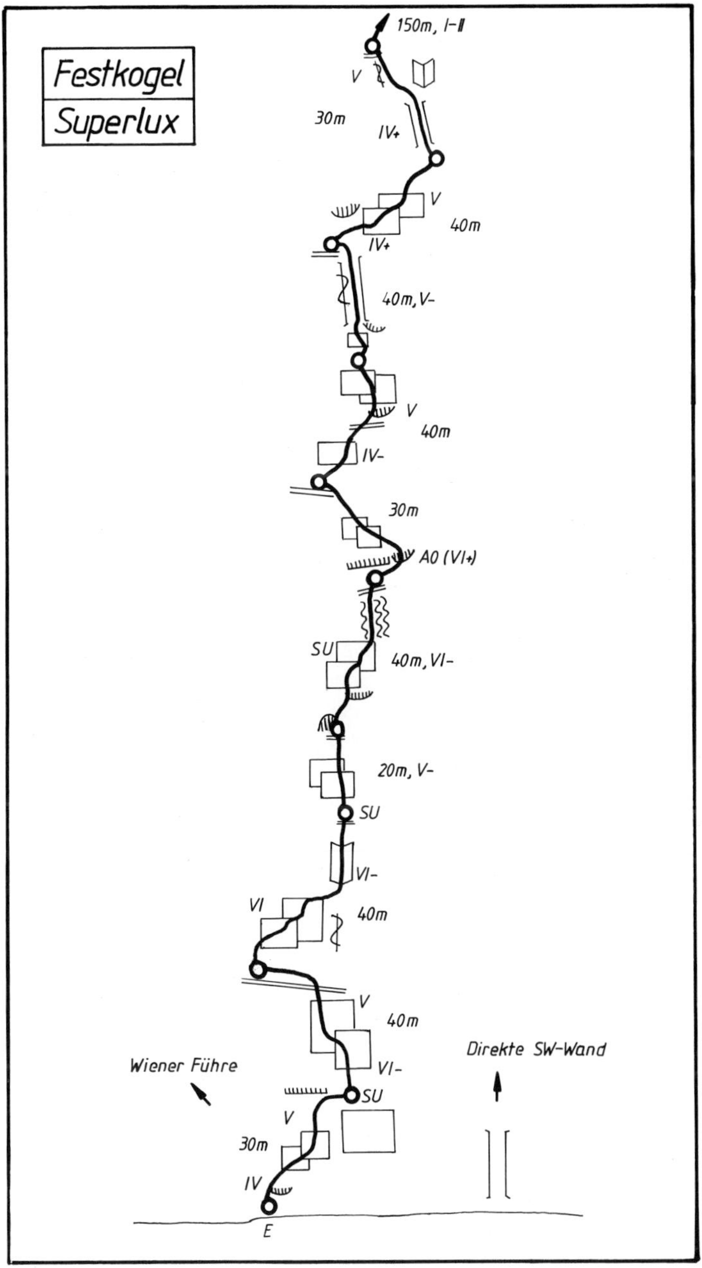
Festkogel
Superlux
150m, I-II
V
30m
IV+
V
40m
IV+
40m, V-
V
40m
IV-
30m
A0 (VI+)
SU
40m, VI-
20m, V-
SU
VI-
VI
40m
V
40m
VI-
SU
Wiener Führe
Direkte SW-Wand
V
30m
IV
E

7 Dachl (2197 m) „Komplizierte" mit Seitelbergerausstieg

Erstbegeher: K. Hoi und K. Stelzig, 1977 (Ausstieg: L. Seitelberger und W. Lindenbach, 1938).
Schwierigkeit: VII– (10 m, Quergang), mehrfach VI.
Charakter: Der erste mit VII bewertete Anstieg im Gesäuse und einer der schönsten in diesem Schwierigkeitsgrad. Ausgezeichneter, rauher Fels. Wird trotz seiner Schwierigkeit relativ oft begangen. Evtl. Cliffhanger mitnehmen!
Wandhöhe: ca. 750 m einschließlich Vorbau, Kletterlänge: ca. 450 m, Zeit: 6 bis 8 Std. einschließlich Vorbau.
Zustieg: Vom Parkplatz an der Ennstalstraße, 620 m, ca. 1,5 km östl. der Abzweigung nach Johnsbach, zur Haindlkarhütte, 1121 m. Auf dem Peternpfad bis zur Dachlschlucht, die rechts der markanten Roßkuppenkante herabzieht, und in ihr ca. 200 Höhenmeter hinauf (II bis III), bis man auf einem schwach ausgeprägten Band an die rechte Begrenzungskante queren kann. (Nicht zu früh queren! Liegt noch harter Altschnee in der Schlucht, so steigt man über die Schrofen rechts derselben auf.) Über zwei kurze Steilaufschwünge und rechtshaltend auf Bändern und Schrofen (Wegspuren) bis unter den Plattenkegel. Eine kurze, ausgesetzte Platte (IV) führt zu einem Band, welches zu einer Verschneidung hinüberleitet. Knapp rechts davon Einstieg. Ca. 3¼ Std.
Abstieg: Über die Roßkuppe (Spuren, teilweise II) zur Peternscharte und auf dem Peternpfad (versicherter Steig, II) ins Kar zurück. Ca. 1½ Std.
Weitere Routen: Vor Beginn der „Komplizierten" zweigt die klassische, schöne Nordwandroute (VI–/A0) ab.

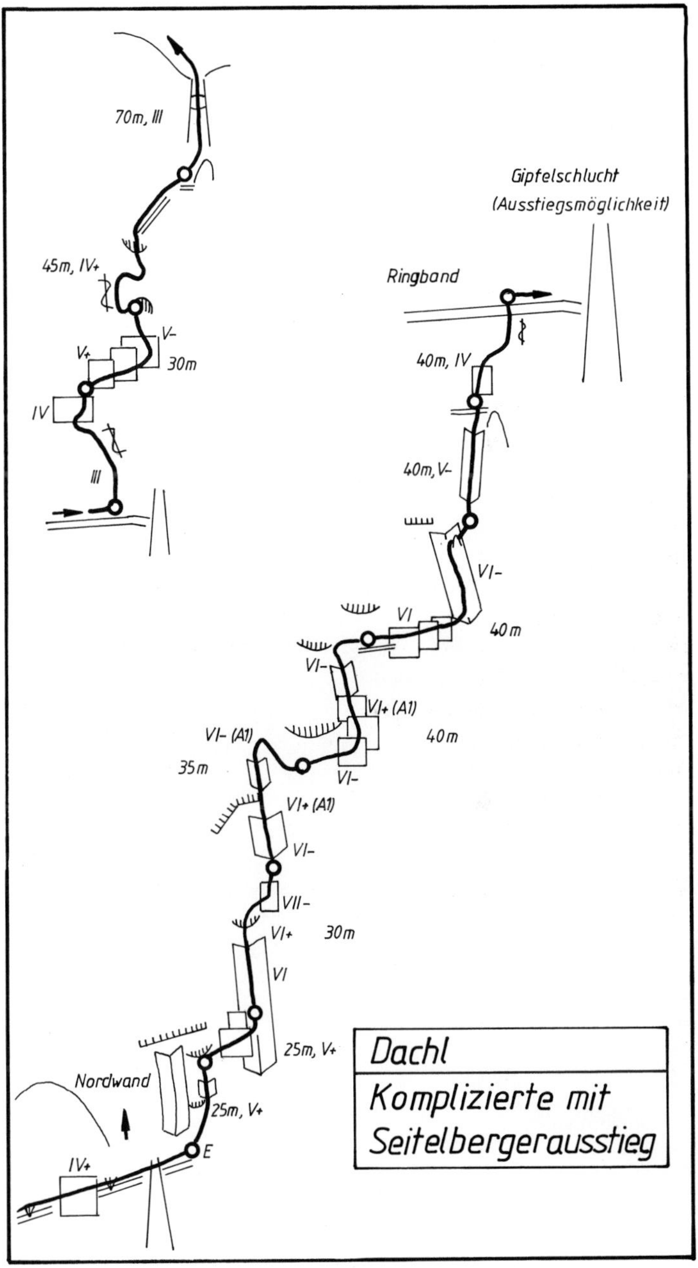
70m, III
45m, IV+
V-
V+
30m
IV
III
Gipfelschlucht
(Ausstiegsmöglichkeit)
Ringband
40m, IV
40m, V-
VI-
VI
40m
VI-
VI+ (A1)
VI- (A1)
40m
35m
VI-
VI+ (A1)
VI-
VII-
VI+
30m
VI
25m, V+
Nordwand
25m, V+
E
IV+
Dachl
Komplizierte mit
Seitelbergerausstieg

Das Tote Gebirge

ist nicht tot, sondern (wenigstens bei den Kletterern aus dem Münchner Raum) lediglich wenig bekannt. Dabei bietet es sicher nicht weniger als andere Gebirgsgruppen der Nördlichen Kalkalpen und übertrifft diese in mancher Hinsicht sogar.

So z. B. zählt die 1400 m hohe Schermberg-Nordwand zu den höchsten Wänden der Ostalpen, und wie Eingeweihte versichern übertrifft sie an Klettergenuß alle dieser Renommierwände. Von den vier Routen durch die Wand wird besonders der „Linzer Weg" (IV+) gelobt. Etwas bekannter ist lediglich der höchste Gipfel des Toten Gebirges,

Der Brodfall, vom Prielschutzhaus gesehen.

der 2515 m hohe Große Priel, der auch einige Klettermöglichkeiten in den mittleren Schwierigkeitsbereichen bietet. Wir haben seinen S-Grat einmal im Winter geklettert und ihn (mitsamt dem halbtägigen Zustieg) hervorragend gefunden.
Übrigens ist das Tote Gebirge das weitläufigste jener Plateaugebirge, die für den Osten der Nördlichen Kalkalpen typisch sind. Den Skitourenfahrern bieten sie die Möglichkeit langer Überschreitungen, doch kommen auch die Abfahrten nicht zu kurz – Stichwort Dietlhölle! In ihrem Inneren sind die Kalkplateaus alle löchrig und von kilometerlangen Höhlensystemen durchzogen, welche z. T. noch gar nicht vollständig erforscht und immer wieder für archäologische Überraschungen gut sind. Die Raucherkarhöhle gilt mit über 42 km Ganglänge als die längste Höhle Österreichs.
Zum Toten Gebirge, wenn auch an seinem Rand liegend, gehört auch jene Trisselwand, in deren Fels Paul Preuß den einzigen Haken seines Lebens eingedroschen haben soll. Der Meister des „free solo“-Kletterns liegt übrigens am Fuß dieser Trisselwand, in seinem Heimatort Altaussee begraben.

8 Spitzmauer (2442 m) Nordpfeiler

Erstbegeher: V. Strauß, F. Stamberg, S. Eitzenberger und W. Seemann, 1935.
Schwierigkeit: V (mehrfach).
Charakter: Alpine Kletterei in ausgezeichnetem Fels; schönster Anstieg auf den zweithöchsten Gipfel des Toten Gebirges.
Kletterlänge: ca. 250 m, Zeit: ca. 3 bis 4 Std.
Zustieg: Von Hinterstoder auf der Straße Richtung Dietlgut weiter bis zum Johanneshof (P), ca. 750 m. Zunächst auf Privat- bzw. Forststraße bis in den Talschluß, dann weiter auf landschaftlich prächtigem Steig zum Prielschutzhaus, 1420 m. Auf demselben Steig weiter Richtung Temelbergsattel bis in die Mitte der Klinserschlucht. Man kann diese auch von der Welser Hütte her über Fleischbank- und Temelbergsattel erreichen. Man erkennt den markanten, vom Massiv weit abgesetzten N-Pfeiler. Durch eine ausgeprägte Rinne unter den Plattenschuß der Nordwand und nach rechts zum Pfeilerfuß. Einstieg in einer schwarzen Verschneidung, die die gelbe Wand schräg links durchzieht. Ca. 4 Std. vom Johanneshof, ca. 3 Std. von der Welser Hütte.
Abstieg: Vom Pfeilerkopf über Schuttbänder nach rechts auf den mark. Normalweg. Nach dem Gipfelabstecher wieder auf diesem hinunter und zum Ausgangspunkt zurück.
Weitere Routen: Das Tote Gebirge ist als Kletterziel relativ wenig bekannt. Möglichkeiten bieten der Neuner-, der Zehner- und der Elferkogel, der Schermberg, der Sturzhahn oder der Stubwieswipfel.

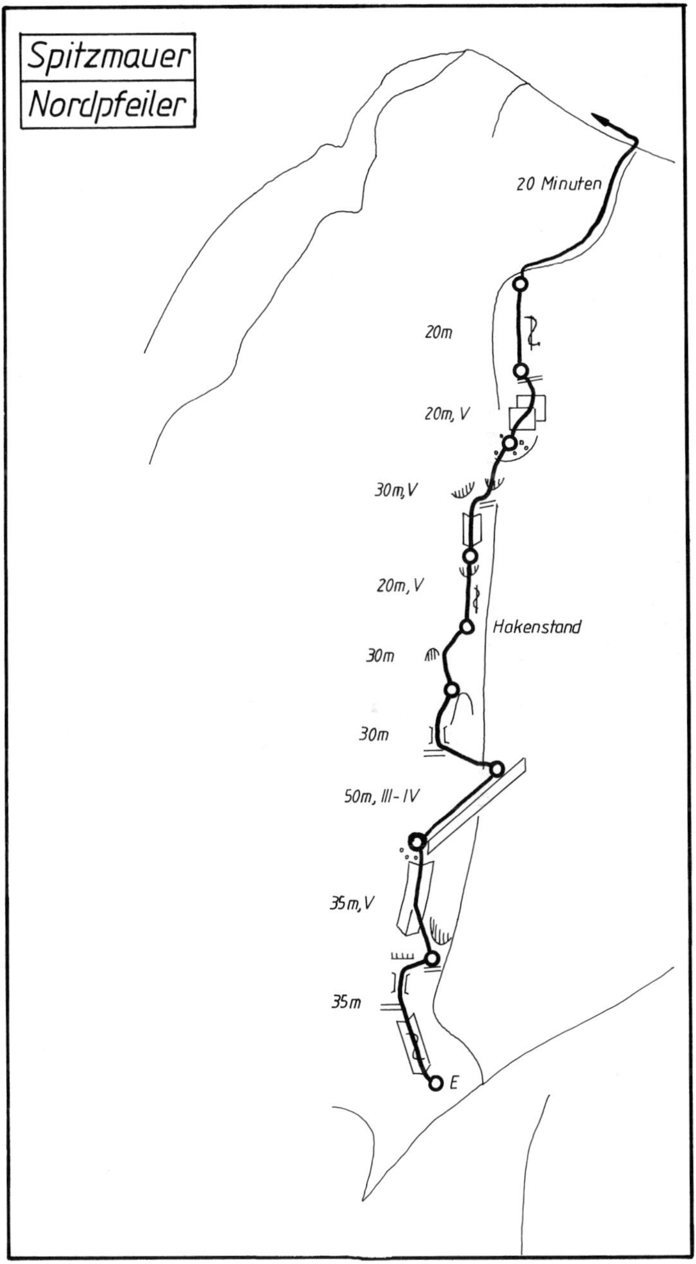
Spitzmauer
Nordpfeiler
20 Minuten
20m
20m, V
30m, V
20m, V
Hakenstand
30m
30m
50m, III-IV
35m, V
35m
E

9 Kreuz (2180 m) Westverschneidung

Erstbegeher: N. Almhofer und F. Hochrainer, 1980.
Schwierigkeit: V+ (mehrere Passagen in der Ausstiegsvariante), A0 (Stellen). Bei Ausqueren zur Welser Hütte IV+.
Charakter: Genußkletterei in vorzüglichem Fels.
Wandhöhe: ca. 400 m, Zeit ca. 4 bis 5 Std.
Zustieg: Von Vorchdorf (Autobahn Salzburg – Wien) nach Scharnstein und weiter das Almtal hinauf bis zum Almtaler Haus (P), 714 m. Zunächst auf Forststraße, dann auf Fußweg Richtung Welser Hütte. Ca. 20 Min. unter dieser quert man vor einer Eisenleiter im Aufstiegssinn nach links über eine Schuttreiße zur markanten W-Verschneidung des Kreuzes. Ca. 2¼ Std.
Abstieg: Über leichtes, gestuftes Gelände, die Stufen umgehend, nach SW zur Welser Hütte hinab (ca. 1 Std.). Auf dem Weg zum Almtaler Haus zum Wandfuß zurück.

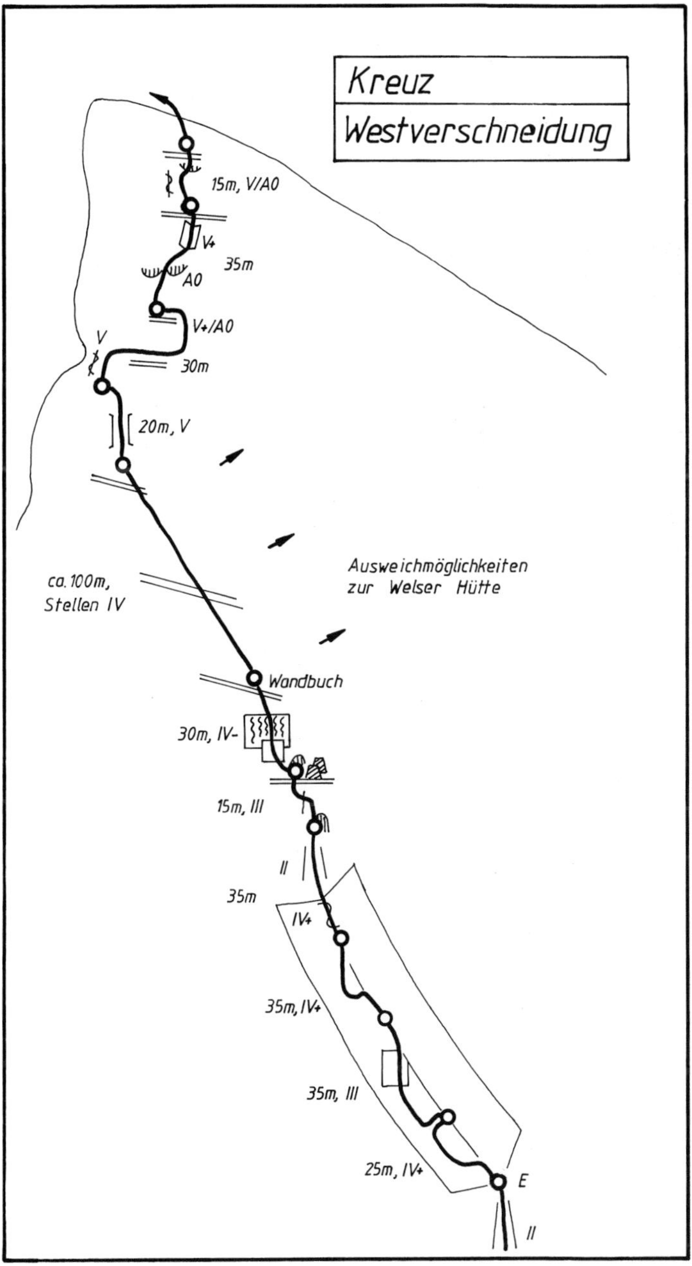
Kreuz
Westverschneidung
15m, V/A0
V+
35m
A0
V+/A0
V
30m
20m, V
ca. 100m,
Stellen IV
Ausweichmöglichkeiten
zur Welser Hütte
Wandbuch
30m, IV-
15m, III
II
35m
IV+
35m, IV+
35m, III
25m, IV+
E
II

Die Dachsteingruppe

Dirndl und Koppenkarstein, aus der Dachstein-Südwand gesehen.

Mit einer Fläche von rund 100 Quadratkilometern über der Zweitausendmetergrenze bildet der Dachstein den größten Bergstock der Nördlichen Kalkalpen. Auch er ist ein Plateaugebirge, das allerdings durch seine teilweise Vergletscherung aus dem Rahmen fällt. Das Schmelzwasser der acht Gletscher versickert im Berginneren und tritt erst im Tal wieder hervor, wo es wunderschöne Seen bildet.
Das Land um den Dachstein ist geschichtsträchtiger Boden: Im 16. Jahrhundert brachten Bergleute aus Sachsen, die nebenan in den Niederen Tauern Kupfer und Silber schürften, Luthers Schriften mit ins Ennstal, und die „Gastarbeiterreligion“ fiel auf fruchtbaren Boden. Der evangelische Glaube wanderte in die Ramsau hinauf und hielt sich dort dreihundert Jahre trotz seiner Insellage und trotz aller Gegenreformation. Laien gaben ihn weiter; die Bauern gebärdeten sich zum Schein katholisch, doch in den ausgehöhlten Trambalken (Türbalken) verwahrten sie die eingeschmuggelten Lutherbibeln. Noch in unserer Zeit berichtete ein Gebietskenner von einer evangelischen Hüttenwirtin im Gosaukamm, der die katholischen Taleinwohner nichts verkaufen wollten ...

Die Plateauabstürze zeigen sich hier von Süden her von ihrer 800 bis 900 m hohen Schokoladenseite und erfreuen den Kletterer durch meist guten Fels. Kaum zu glauben, daß die eindrucksvolle Dachstein-Südwand schon 1909 und in nur 5 Stunden Kletterzeit erstbegangen wurde! (Ein Führer aus dem Jahr 1922 wies 7 bis 12 Stunden Normalzeit aus.) Man kann sich leicht ausrechnen, wieviel die Gebrüder Franz und Georg Steiner damals gesichert hatten, nämlich fast nichts. Überhaupt: „gesichert" – ohne Haken oder gar Karabiner – doch mit einem „technischen Hilfsmittel" an der Schlüsselstelle: Einen „Stinglstecken" hatten sie dabei, einen zwei Meter langen Prügel, mit dem der Franz den vorsteigenden Georg an den Fels drückte. Wer diese Unterbrechungsstelle des „Steinerbandes" kennt, weiß, daß sie nur darum mit IV+ bewertet ist, weil sich kein Wiederholer mit einer V-Bewertung „blamieren" möchte.
Die „Steiner-Buam" gingen verschiedene Wege: Franz wurde seriös, Beamter, sammelte alte Volkslieder und -bräuche, um sie vor dem Vergessenwerden zu bewahren. Georg („Irg") blieb zeitlebens ein Unangepaßter. Den Kriegsdienst verweigerte er; als der Erste Weltkrieg ausbrach, machte er sich davon, in die Berge. Das Wildern war seine eine große Schwäche, das schöne Geschlecht die andere. Nicht weniger als 28 oder 29 Sprößlinge schreibt ihm die Sage zu, davon ganze drei eheliche! Als ihn einst ein Madl in der Ramsau mit „Grüaß di Gott, Voter!" ansprach, da antwortete er: „Von wölchener bist'n du nacha?" ...

10 Windlegerkopf (2350 m) Direkte Ostwand

Erstbegeher: W. Aschauer und A. Precht, 1976.
Schwierigkeit: IV+ (fast durchgehend).
Charakter: Kurze, jedoch nicht zu unterschätzende Klettertour mit einer hervorragend ausgesetzten Hangelseillänge. Fester, wasserzerfressener Fels.
Wandhöhe: ca. 200 m, Zeit: ca. 2 Std.
Zustieg: Von Filzmoos auf Mautstraße zur Hofalm (P), 1268 m. Über die Sulzenalm ins Windlegerkar und unter der O-Wand des Windlegerkopfes fast bis zur Windlegerscharte hinauf. Im oberen Wandteil fallen 2 parallele Risse unter der überhängenden Gipfelwand auf. E. im rechten Riß. Ca. 2 Std. Zustieg auch von der Dachstein-Südwandbahn-Talstation (siehe Tour 11) über das Tor möglich.
Abstieg: Nach NO zur Windlegerscharte und zum mark. Weg hinab. ¼ Std.
Weitere Routen: Der Windlegerkopf bietet mehrere kürzere Klettertouren in hervorragendem Fels. Besonders zu erwähnen ist die S-Kante, die darüber hinaus auch noch lange Klettersaison hat. Rechts davon befindet sich die SO-Wand („Waldemar-Schörghofer-Gedenkweg“, V–/A1) und der Diagonalanstieg durch die O-Wand (V/A1).

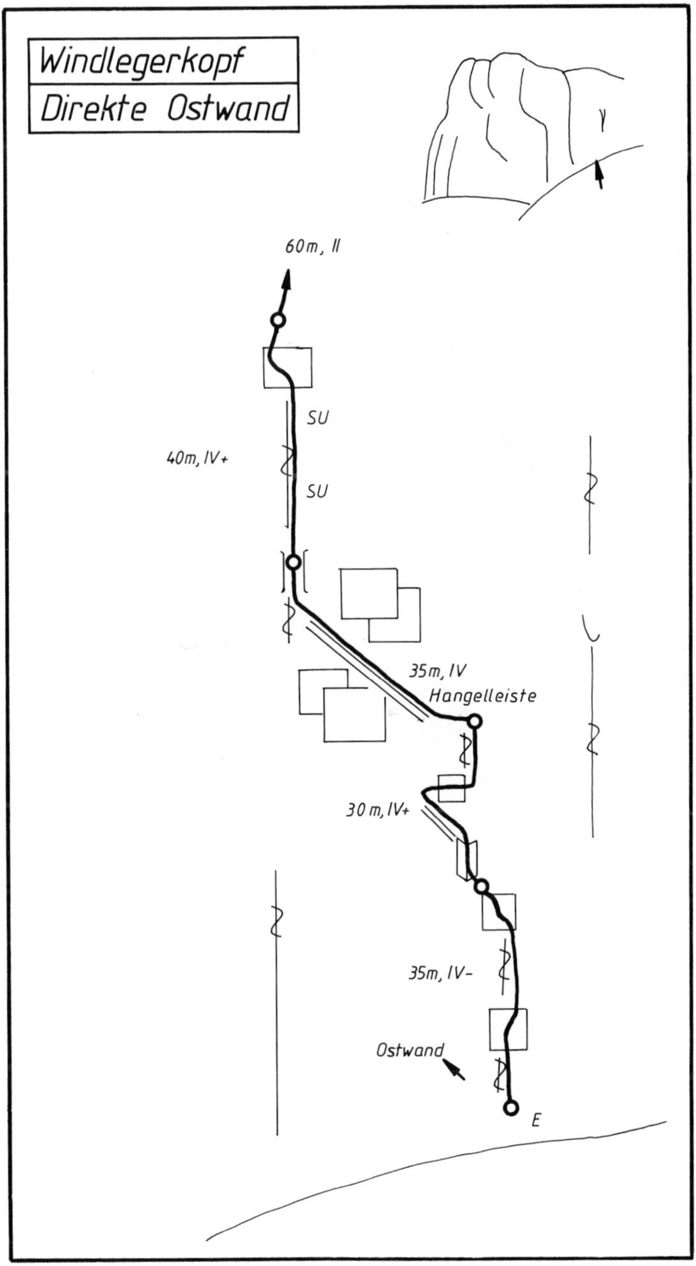
Windlegerkopf
Direkte Ostwand
60m, II
SU
40m, IV+
SU
35m, IV
Hangelleiste
30 m, IV+
35m, IV-
Ostwand
E

11 Großer Koppenkarstein (2865 m) Südwestpfeiler Südwestpfeilervariante „Bergführerriß"

Erstbegeher: SW-Pfeiler: H. Peterka, M. Jedliczka und F. Proksch, 1946. „Bergführerriß": K. Hoi und F. Walcher, 1967.
Schwierigkeit: SW-Pfeiler: IV+, meist IV. Bergführerriß: V+, anhaltend V.
Charakter: Beides sind hervorragende Klettereien; der Bergführerriß ist nicht zu unterschätzen! Auch im Frühjahr und im Herbst günstig. Wandhöhe: ca. 400 m, Kletterlänge: ca. 300 m, Zeit: ca. 4 bis 5 Std.
Zustieg: Aus der Ramsau am Dachstein auf Mautstraße zur Talstation der Hunerkogelseilbahn (P), 1625 m. Auf mark. Steig das Edelgrießkar hinauf bis zum Firnfeld unter den Südabstürzen des Koppenkarsteins und zum Schluß rechts auf den vom Joch heraufziehenden Geröllrücken. Wo dieser am höchsten zur Wand hinaufreicht, ist der Einstieg. Im Frühjahr ideal mit Ski. Ca. 1½ Std.
Routenverlauf: Geradewegs zum Fußpunkt des „Bergführerrisses" hinauf. Dieser führt nun 4 SL von ständig steigender Schwierigkeit hinauf und zuletzt durch einen Kamin auf den Kopf des SW-Pfeilers. Die andere Route folgt dem schräg rechts aufwärts ziehenden Band. An seinem Ende kurz absteigend nach rechts in eine Rißverschneidung vor eine glatte, ausgewölbte Platte. In der Rißverschneidung hoch, einen Überhang links umgehen und dahinter zu Stand. Nach weiteren 15 m in der Verschneidung über eine Wasserrillenplatte rechts queren zu gutem Stand unter einer Kaminreihe, die auf den Pfeilerkopf führt. Weiter verlaufen beide Touren gemeinsam: Ein paar Meter an der roten Kante aufwärts, dann links durch einen kleinen Kamin und wieder nach rechts an die Kante zurück. Immer der Kante folgend, weiter zum Gipfel. (Siehe nebenstehendes Wandfoto.)
Abstieg: Über den schwachgeneigten Gratrücken nach W in die Koppenkarsteinscharte zwischen dem Großen und dem Kleinen Koppenkarstein. Vor einem schrägen Felsfenster, das die Scharte bezeichnet in die S-Flanke hinaus und über gebänderte Platten und steile Blockstufen im Zickzack abwärts. Man stößt auf ein Band, dem man im Abstiegssinne rechts bis zu der Rinne folgt, die von der Scharte herabzieht. Man quert diese (Schneereste) und gewinnt das breite Untere Südwandband (Steinmann), welches ins Edelgrießkar hinunterführt (II).

SW
„B"

12 Torstein (2947 m) Südwand, „Rauchkarpfeiler“

Erstbegeher: K. Hoi und H. Stelzig, 1979. Unterer Wandteil: Fiechtl, Goedel und Mayerhofer, 1923, sowie Kubacsek und Rois, 1930. Windlegergrat: Blodig, Lendenfeld, Steiner und Auhäusler, 1879.
Schwierigkeit: VI– (Stelle), meist IV bis V+, im unteren und im oberen Teil oft leichter.
Charakter: Großzügige alpine Klettertour durch die höchste Wand der Dachsteingruppe. Keinesfalls zu unterschätzende, anspruchsvolle Kletterei in steilem Fels! Die Erstbegeher schlugen keine Haken, sondern sicherten ausschließlich an Sanduhren und Klemmkeilen. Im Abstieg Gletscherbegehung!
Wandhöhe: ca. 1000 m, Zeit: ca. 6 bis 8 Std.
Zustieg: Von der Talstation der Hunerkogelbahn (P), siehe Tour 11, auf bequemem Weg zur Dachstein-Südwand-Hütte und weiter unter den Südwänden entlang (Pernerweg), durchs Tor und das Schuttkar zu den Südwänden des Torstein hinüber. Einstieg am tiefsten Punkt der Wand, bei nebeneinanderliegenden, durch Rinnen getrennten Vorbauten. Ca. 1½ Std.
Routenverlauf: Man zielt auf die ausgeprägte Rampe, die von links nach rechts aufwärts durch den unteren Wandteil zieht und folgt ihr bis zu einer schon von unten auffallenden begrünten Kanzel bei einem großen Schuttkessel (ca. 200 Höhenmeter). Aus diesem nach rechts steil aufwärts, an einigen kleinen, tiefen Höhlen vorbei noch weitere 100 Höhenmeter über die plattige Rampe bis in den nächsten Schuttkessel. Rechts ein großer, abgespaltener Turm. Bis hierher Südwandroute Kubacsek-Rois. Der Rauchkarpfeiler baut sich über dieser Plattenrampe auf und kulminiert ein Stück unterhalb des oberen Windlegergrates. Der Anstieg folgt der entlang der Pfeilerkante aufwärtsziehenden Riß- und Verschneidungsreihe, die mehrmals von Dächern unterbrochen scheint. Über eine gestufte Wandstelle, nach 20 m (III) zum Beginn des breiten Risses. Durch diesen (IV) an einer Nische (Sanduhr) vorbei und nach wenigen Metern auf einen Absatz mit Sanduhr. Durch den überhängenden Riß (V+, zwei Sanduhren) ca. 30 m hinauf; Stand unter großen Dächern. An der

Die Torstein-Südwand (R = Rauchkarpfeiler).

R

dreieckigen Einkerbung über das Dach (V+) und durch den 15 m hohen Handriß (V–) in eine große Höhle. Durch den kaminartigen Spalt empor (IV) zur überdachten Platte und nach rechts hinausqueren (IV+) zu Stand bei Sanduhr. Durch die Rißverschneidung (IV+) und über leichteren Fels (III) zur Riesensanduhr bei Blöcken. Nun entweder durch die Verschneidung über eine große Schuppe (IV+) oder durch den markanten Kamin auf eine kleine Schuttstufe. Über leichtes Gelände zu einer gewaltigen Höhle. Rechts von dieser durch eine sehr schöne Kaminverschneidung (IV–) ca. eine Seillänge empor unter die graue Plattenwand. Diese wird in ihrer Mitte von einem eigenartigen, S-förmigen Rißkamin durchzogen, der den weiteren Anstieg vermittelt. Anfangs sehr schwierig im Spalt hoch (VI–), dann im Spalt weiter (V–) unter den markanten Querwulst. Über die Rampe (Sanduhr und Höhle) nach rechts (III+) zu einem senkrechten Kamin. Durch diesen (IV) zu einem Schrägriß (III+), der in einen kleinen Kessel führt. Nach rechts an die Pfeilerkante zu einem Felskopf und über die Pfeilerwand durch Risse empor (IV+ und V) zum Ende einer Plattenrampe bei Felsköpfen. Weiter über die Pfeilerkante (IV und III) und nach ca. 1 Seillänge auf den Pfeilerkopf. Hier trifft man auf die Alte S-Wand (Fiechtl u. Gef.). Auf der rechten Seite der vom Pfeilerkopf zum Windlegergrat ziehenden Rippe durch eine plattige Steilrinne und die anschließende Kaminreihe auf den Windlegergrat. Über diesen, den Vorgipfel P. 2802 überschreitend, zum Torsteingipfel.

Abstieg: Vom Gipfel ein kleines Stück auf dem SW-Grat zurück, bis man aus einer Scharte durch eine Geröllrinne auf ein Band in der obersten Südwand absteigen kann. Auf diesem leicht ansteigend zum Firngrat („Torsteinwächte") hinüber und über diesen zur Unteren Windlucke hinab. (Grödeln oder je nach Verhältnissen und Jahreszeit Steigeisen erforderlich, Eishammer dringend zu empfehlen.) Über den Großen Gosaugletscher zur Adamek-Hütte. Ca. 2 Std. Anderntags auf Wanderweg um den Torstein herum und über das Tor zum Ausgangspunkt zurück.

Das Tennengebirge

Ähnliches wie für das Tote Gebirge gilt auch für das Tennengebirge. Ebenfalls ein Plateaugebirge, war es früher vor allem Domäne der Wanderer und Skitouristen. Die Skiüberschreitung mit ihren drei Abfahrtsvarianten hat sich inzwischen etwas herumgesprochen. Unter Kletterern blieb es ein Mauerblümchen, und die Hochkogelwand, die immerhin zu den höchsten unter den schwierigen Ostalpenwänden gehört, wurde erst Anfang der sechziger Jahre erstmals durchstiegen. Und es blieb bei einer Route.

Auch im Tennengebirge gibt es riesige Höhlen, doch sind diese teilweise für den Massenbesuch ausgebaut, wie die berühmte Eisriesenwelt. (Tip für Kletterer: Wirklich lohnend an einem Schlechtwettertag oder für den zweiten Tag nach einer Hochkogeltour!)

Als Klettergebiet ist das Tennengebirge auf das engste verbunden mit dem Namen von Albert Precht aus Bischofshofen. Es gibt wohl kaum ein anderes Gebiet der Alpen, das so weitgehend von einem einzigen Bergsteiger erschlossen wurde, wie das Tennengebirge und der benachbarte Hochkönigstock von Precht. Dabei war und ist dieser Mann als Bahnbeamter berufstätig und hat Frau und Kind. Man kann zunächst nur staunen, wieviel Zeit er immer für das Gebirge erübrigen konnte; wenn man aber seine Berichte liest, wird klar, daß nicht jedermann solche Gewalttouren verkraften würde.

Albert Precht erzählt: Am 8. Juli 1984 stieg er mit Georg Wenger die zwei Stunden zur Westwand des Hochkogels empor. In acht weiteren Stunden gelang die Erstbegehung der „Bananenverschneidung“, 750 m Wandhöhe, Schwierigkeiten bis VI. Unten in Bischofshofen warteten zwei aufeinanderfolgende berufliche Nachtschichten und dann, am 10. Juli die nächste Hochkogeltour: Um 5 Uhr früh ging's mit Walter Aschauer zur Nordwestwand hinauf und durch die „Schwarze Wand“ auf den Gipfel (erste freie Begehung, Wandhöhe 800 m, Schwierigkeiten bis VII). Schnell hinunter zur dritten Nachtschicht. Und am darauffolgenden Morgen standen die beiden schon wieder am Wandfuß und kreierten eine Neutour, den „Teufel auf Toast“, Kletterzeit 10 Stunden, Schwierigkeiten bis VII/A1 ...

Wer macht es nach?

Übrigens: Im Tennengebirge gibt es nicht nur die großen Wände des Hochkogels, sondern auch eine Vielzahl kürzerer, schon früh im Jahr kletterbarer Touren, etwa im Bereich der Werfener Hütte.

13 Werfener Hochthron (2360 m) Südwandrampe

Erstbegeher: H. Pfannl und Th. Maischberger, 1896.
Schwierigkeit: III+ (Stelle), meist II bis III.
Charakter: Natürliche Linienführung; schöne Kletterstellen und ein paar Schrofeneinlagen.
Kletterlänge: ca. 300 m, Zeit: ca. 2 bis 3 Std.
Zustieg: Von Werfen im Salzachtal auf kleiner Straße (Maut) zum Gasthof Mahdegg (P), 1202 m. Weiter auf Weg zur Werfener Hütte, 1969 m. Auf dem in Richtung Fieberhörner–Tennengebirgsplateau führenden Steig erreicht man in 10 Min. eine breite Schuttreiße, die geradewegs in den tiefeingeschnittenen Winkel der Hochthron-SW-Wand leitet. Über die hier ansetzende, schräg nach rechts hochziehende Rampe verläuft der Anstieg. Ca. 1½ Std.
Abstieg: Zunächst die Schrofen der S-Flanke des Gipfels und dann weiter auf der orographisch rechten Seite des S-Grates hinab. Man läßt einige Rinnen rechts liegen und erreicht schließlich diejenige Rinne, die zur Werfener Hütte hinunterführt (Stelle III–, sonst I bis II). Auf Steig- und Markierungsspuren achten! Ca. 1 Std.
Weitere Routen: Bekannt und beliebt sind die SW-Wand (IV+) bei den weniger und die Grutschniggplatte (VI/A0) bei den mehr extremen Kletterern. Die Prechtplatte (VII–) wiederum verlangt einen moralisch sehr gefestigten Vorsteiger ...

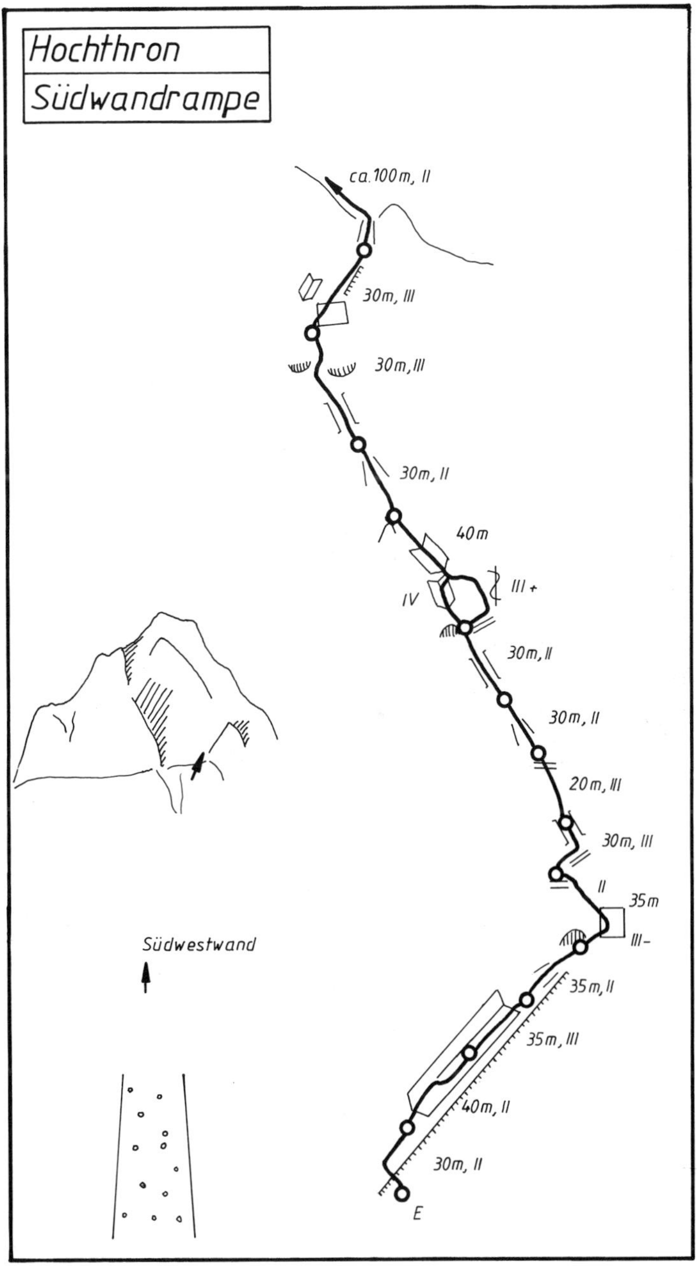
Hochthron
Südwandrampe
ca. 100 m, II
30 m, III
30 m, III
30 m, II
40 m
III +
IV
30 m, II
30 m, II
20 m, III
30 m, III
II
35 m
III–
Südwestwand
35 m, II
35 m, III
40 m, II
30 m, II
E

14 Gamsmutterwand (ca. 2250 m) Südverschneidung, „Lammertalweg"

Erstbegeher: A. Precht, G. Bachler und H. Schreder, 1974.
Schwierigkeit: V+ (Stellen), anhaltend IV–V.
Charakter: Traumhaft schöne Kletterei, meist in Verschneidungen, Rissen, Kaminen. Schrofenvorbau! Trockene Verhältnisse müssen abgewartet werden; günstig im Spätherbst.
Kletterlänge: ca. 600 m, Zeit: ca. 5 Std.
Zustieg: Von Lungötz im Lammertal auf der Straße Richtung Aualm bis zur Schranke (P), ca. 1200 m. Von der Aualm selbst (Truppenübungsplatz) westl. ausholend auf Steigspuren in das Kar unterhalb von Hochbrett und Gamsmutterwand. Nach O einschwenkend unter den Wänden entlang bis dorthin, wo der Wald am höchsten hinaufreicht und wo von oben her die markante Einstiegsrinne der Gamsmutterwand-Verschneidung (großes Y!) herabzieht. Durch die Schlucht zum Einstieg bei einer großen Höhle mit rötlichem Gestein empor. Ca. 1½ Std.
Abstieg: Über die Hochfläche in die Scharte zwischen Kleinem und Großem Fritzerkogel und von dieser südwestseitig absteigend unter den Wänden dahin, am Fuß der Einstiegsrinne vorbei und wieder zur Aualm hinab. Ca. 2 Std.
Weitere Routen: Viele Routen an der Gamsmutterwand (z. B. die „Variation", IV+) und am Gamsmutterturm (z. B. das „Niemandsland", V+).

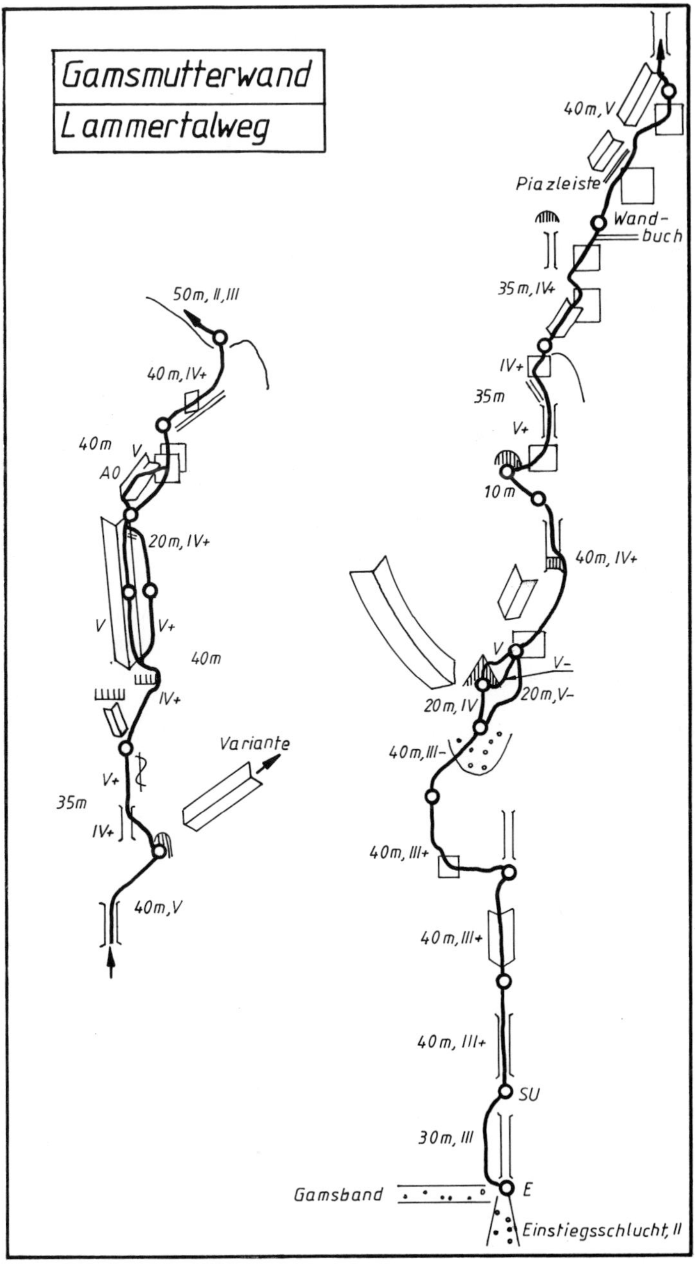
Gamsmutterwand
Lammertalweg
50m, II,III
40m, IV+
40m
V
A0
20m, IV+
V
V+
40m
IV+
V+
35m
IV+
Variante
40m, V
40m, V
Piazleiste
Wand-
buch
35m, IV+
IV+
35m
V+
10m
40m, IV+
V
V-
20m, IV
20m, V-
40m, III-
40m, III+
40m, III+
40m, III+
SU
30m, III
Gamsband
E
Einstiegsschlucht, II

15 Großes Fieberhorn (2278 m) Westwand

Erstbegeher: J. Schintlmeister, E. Rainer, K. Dumböck, F. Primas und E. Schlager, 1929.
Schwierigkeit: V+ (Stelle), A0 (1 SL und 1 Stelle). Frei VI–.
Charakter: Kurze, recht schöne Kletterei an der „versteckten" Seite der Fieberhörner. Besonders in Trockenzeiten empfehlenswert.
Kletterlänge: ca. 200 m, Zeit: ca. 2 Std.
Zustieg: Von Werfen im Salzachtal auf kleiner Straße (Maut) zum Gasthof Mahdegg (P), 1202 m. Von hier auf dem Steig zur Werfener Hütte empor, bis links ein Steig in Throntal abzweigt. Hinauf bis unters Kleine Fieberhorn, westlich um dieses herum Richtung Grießscharte und zum Fuß der West- und Nordwestwände des Großen Fieberhorns. Einstieg nach ca. ⅔ des Zapfensteigs, der zur großen Felsplatte zwischen den beiden Fieberhörnern hinaufführt. Ca. 1½ Std.
Abstieg: Über Gehgelände nach N in die Grießscharte und von dieser auf Steig zum Einstieg zurück.
Weitere Routen: Zahlreiche, meist kürzere Routen an den beiden Fieberhörnern, z. B. die NW-Verschneidung (V+) am Großen und der Direkte SO-Pfeiler (VI–) am Kleinen Fieberhorn.

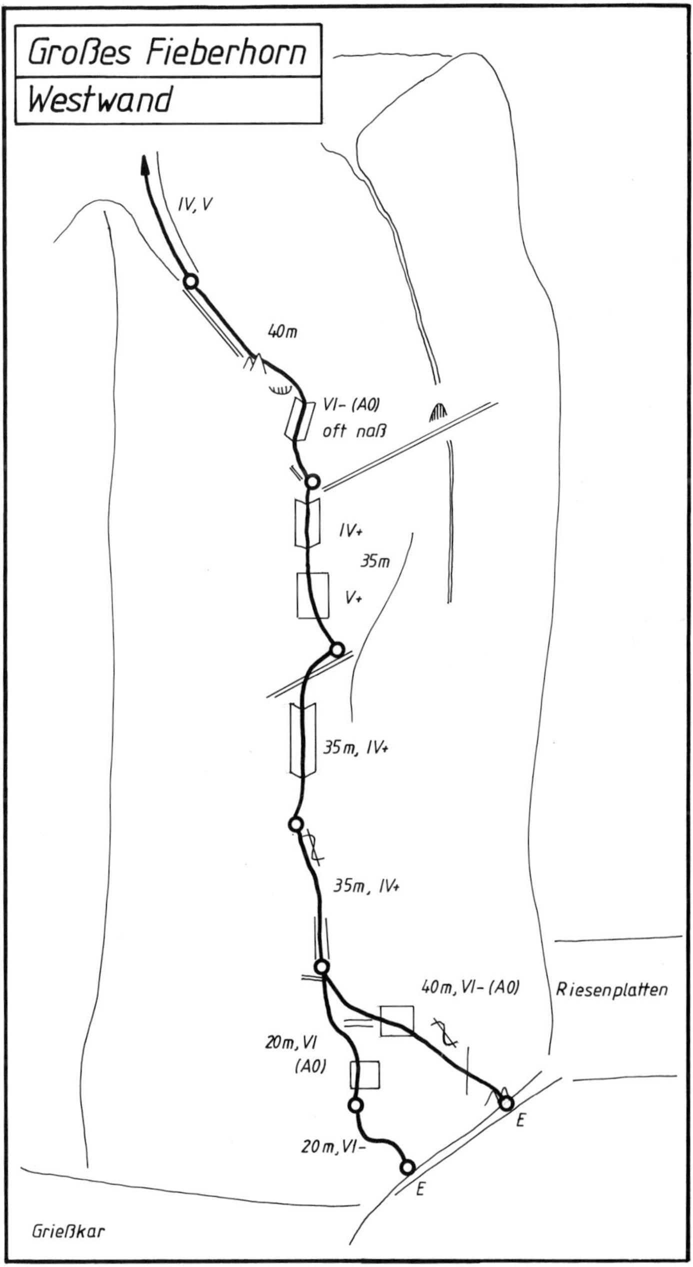
Großes Fieberhorn
Westwand
IV, V
40m
VI- (A0)
oft naß
IV+
35m
V+
35m, IV+
35m, IV+
40m, VI- (A0)
Riesenplatten
20m, VI
(A0)
20m, VI-
E
E
Grießkar

16 Hochkogel, Nordwestgipfel (2302 m) Nordwestwand, „Moderegger-Gattringer“

Erstbegeher: E. Moderegger und H. Gattringer, 1961.
Schwierigkeit: VI (einige kurze Stellen), meist IV bis V, A0 (kurze Stellen).
Charakter: Große, alpine Klettertour. Sehr schöne Rißkletterei in eindrucksvoller Umgebung. Die Hauptschwierigkeiten konzentrieren sich in der unteren Wandhälfte (bis zur Terrasse); trotzdem lange, alpine Unternehmung. Trockene Verhältnisse müssen abgewartet werden!
Wandhöhe: ca. 700 m, Kletterlänge: ca. 800 m, Zeit: ca. 8 Std.
Zustieg: siehe Tour 17. Einstieg links des riesigen gelben Felsausbruches am Wandfuß des Hauptgipfels, dort wo das Hochkar am weitesten an der Wand hinaufreicht. Die Route folgt dem Riß- und Verschneidungssystem, welches zur Scharte zwischen den beiden Hochkogelgipfeln hinaufzieht.
Abstieg: siehe Tour 17.
Routenverlauf: Über einen Überhang (H) eine knappe Seillänge gerade hinauf. Eine weitere Seillänge über Schrofen aufwärts, hinter einem kleinen, brüchigen Türmchen einige Meter nach links und in einer fast senkrechten Rinne empor zu einer kleinen Nische. Von dieser 2 m nach rechts (H) und gerade hinauf in eine 8 m hohe, senkrechte Verschneidung. An ihrem Ende einige Meter nach rechts und über einen Überhang in eine kleine Höhle. Auf einer schräg nach links emporziehenden Rampe zu einer griff- und fugenlosen senkrechten Platte (BH). Über diese in eine rißähnliche Verschneidung. Über diese empor (H). Eine riesige Felsschuppe, welche aus der Wand herausragt, bildet eine steile Rampe, die man steil links aufwärts bis zu ihrem Ende verfolgt. Quergang nach links (H) in eine Rinne, die an ihrem oberen Teil zur stumpfen Verschneidung wird. Über diese (VI, Hakenschlagen unmöglich) zu einem kleinen Platz. Ein sich teilweise zum Kamin erweiternder Riß führt nach 45 m

Hochkogel-Nordwestwand:
F = „Weg der Freunde“,
M = „Moderegger“.

F
M

Im „Weg der Freunde“ (Hochkogel-Nordwestwand)

auf den linken Rand der schon von unten sichtbaren, markanten Kanzel. Diese wird in ihrer ganzen Länge (40 m) nach rechts gequert. 3 Seillängen gerade empor, teils im Riß und teils in der Rinne. Nach den ersten Metern Seilquergang nach links in den eigentlichen Riß. Nach den 3 Seillängen (einige H) den sperrenden Überhängen aus-

weichend (H) nach links auf die große Terrasse, die den unteren Teil der Wand vom Gipfelaufbau trennt. Ende der Hauptschwierigkeiten. Der obere Wandteil ist stark gegliedert. Kurze schwierige Stücke werden von leichtem Schrofengelände abgelöst. Über die große Terrasse aufwärts; von der tiefsten Scharte zwischen NO- und Hauptgipfel zieht eine Schlucht bis auf die erwähnte Terrasse herab. Rechts davon aufwärts. Anfangs etwas rechts haltend, im oberen Teil wieder nach links querend, in die Scharte zwischen beiden Gipfeln.

17 Hochkogel, Nordwestgipfel (2302 m) Nordwestwand, „Weg der Freunde“

Erstbegeher: A. Precht und G. Bachler, 1972.
Schwierigkeit: VI+ (2 bis 3 kurze Stellen), 3 Seillängen anhaltend VI– bis VI, sonst leichter, A1 (2 Passagen).
Charakter: Zählt zu den großen Klettertouren der Nördlichen Kalkalpen. Trotz eines gewissen Nimbus wesentlich leichter und kletterfreundlicher als z. B. die Lalidererverschneidung. Überwiegend schöne Kletterei in gutem Fels. Landschaftlich höchst eindrucksvoll. Für eine NW-Wand relativ schnell trocken, doch sollte wegen der Bänder nicht zu früh im Jahr eingestiegen werden.
Wandhöhe: ca. 700 m, Kletterlänge: ca. 850 m, Zeit: ca. 7 bis 10 Std.
Zustieg: Ausgangspunkt ist das Kieswerk, ca. 500 m, an der Bundesstraße 159, zwischen Sulzau und Stegenwald, gleich südlich der Ausfahrt Sulzau der Tauernautobahn. Hier gilt es, den kleinen, versteckten Pfad zu finden, der über den Rücken nördlich des Stuhlgrabens zum Wandfuß hochführt. Der Stuhlgraben ist die tiefeingeschnittene Schlucht nördlich des flachen, bewaldeten Stuhlkopfes, der dem Hochkogel westlich vorgelagert ist. Aus der obersten Terrasse des Hochkars zieht eine Riß- und Verschneidungsreihe gerade in die Scharte zwischen Haupt- und Nordostgipfel hinauf. Durch sie verläuft die „Moderegger-Gattringer“ (Tour 16). Links dieser Terrasse lehnt ein weiterer Schrofenvorbau an der Wand. An seinem oberen Ende Einstieg an einer Hangelleiste bei großem Felsblock. Ca. 2½ Std.
Abstieg: Vom Gipfel bequem über die Hochfläche nach SO hinab, dann nach S einschwenkend durch eine Mulde zur Jagdhütte Hochkogeltief. Von hier auf teilweise versichertem, problemlosem Steig zur Eisriesenwelt (Eishöhle) und auf Weg über die Friedrich-Oedl-Hütte zum Parkplatz Eisriesenwelt (Straßenende) zurück. Ca. 2½ Std. Hat man niemanden, der einen hier abholt („shuttlebunny“) und auch kein Fahrrad zurückgelassen, so beginnt jetzt die endlose nächtliche Weltreise zu Fuß über Werfen und Tenneck zum geparkten Auto.
Weitere Routen: Die „Schwarze Wand“ (VI+) gilt als Perle der Hochkogeltouren, ist jedoch länger naß als der „Weg der Freunde“. Im letzten Drittel verlaufen beide Touren gemeinsam.

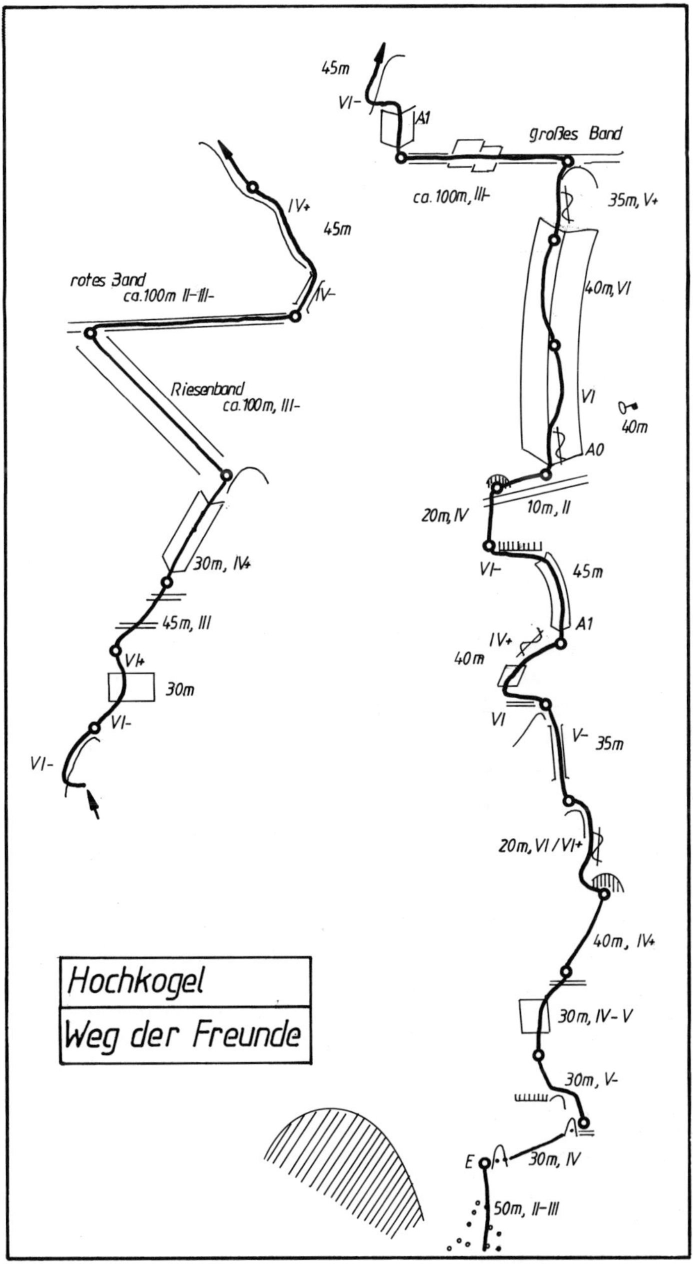
45m
VI-
A1
großes Band
ca. 100m, III-
35m, V+
40m, VI
VI
40m
A0
10m, II
20m, IV
VI-
45m
A1
IV+
40m
VI
V- 35m
20m, VI / VI+
40m, IV+
30m, IV - V
30m, V-
E
30m, IV
50m, II-III
IV+
45m
rotes Band
ca. 100m II-III-
IV-
Riesenband
ca. 100m, III-
30m, IV+
45m, III
VI+
30m
VI-
VI-
Hochkogel
Weg der Freunde

Die Berchtesgadener Alpen

sind mit Sicherheit das landschaftlich schönste Stück der Nördlichen Kalkalpen. Wenn auch die Fremdenverkehrswerbung manches von dieser Schönheit bis zum Überdruß strapaziert hat, bis man ihr papierenes Abbild schier nicht mehr anschauen möchte – an der Wirklichkeit kann man sich dann fast nicht satt sehen. Und gerade in den Berchtesgadenern gibt es viel entlegene oder unauffällige Schönheit, die sich der werblichen Vereinnahmung von vornherein entzieht.
Es gibt auch nicht viele Gebiete, in denen die Schönheit der Natur und die von Menschenhand geschaffene Schönheit so eine glückliche Verbindung eingegangen sind. Das gilt für St. Bartholomä und für den Berchtesgadener Schloßplatz wie für Hohenwerfen und für die Märchenstadt Salzburg. „Wo Adel und Mönche bauten, kann man sich getrost niederlassen,“ sagte, glaube ich, Kurt Tucholsky.
Die Kombination aus Naturschönheit einerseits und einem merkwürdigen Grenzverlauf, der das Berchtesgadener Land zur Enklave macht andererseits, war wohl ein glücklicher Umstand. Seit zwölf Jahren genießt der bayerische Anteil der Berchtesgadener Alpen den Status eines Nationalparks und damit einen umfassenden Schutz der Natur. Sicher, der Weg dorthin war in diesem Berchtesgadener Land besonders dornig, und stellenweise ist er es heute noch. Hart waren die Interessen aufeinandergeprallt, und manche Opfer blieben auf der Strecke. Der „Vater“ des Nationalparks, Dr. Georg Meister, ist heute Leiter des Forstamtes Reichenhall ...
Als Klettergebiet standen die Berchtesgadener nie so ganz in vorderster Reihe im Rampenlicht. Man assoziierte ihren Namen eher mit Touren vom Charakter der Watzmann-Ostwand. Viele der Erschließer waren Einheimische oder sonstwie Eingeweihte, wie Anderl Hinterstoißer, Toni Kurz, Werner Schertle, H. Brandner, H. Krafft u. a. Inzwischen lernen immer mehr Kletterer die Berchtesgadener schätzen, und auch die höchsten Schwierigkeitsgrade haben Einzug gehalten. Und nach wie vor kommen die Erschließer aus der näheren oder weiteren Umgebung, wie Andreas Hirschbichler, Alexander und Thomas Huber und der unermüdliche Albert Precht. Nach wie vor auch sind das Hochköniggebiet und die Reiter Alm die Hauptklettergebiete – und nach wie vor wird die Reiter Alm von den beamteten freistaatlichen Kartographen zur „Reiter Alpe“ vergewaltigt ...

Abstieg vom Häuslhorn.

18 Schärtenspitze (2153 m) Nordostwand

Erstbegeher: Brandenstein, 1925.
Schwierigkeit: III+ (2 Stellen), sonst II bis III.
Charakter: Kurze, hübsche, ausgesetzte Kletterei. Mit AV-Haken perfekt gesichert.
Wandhöhe: ca. 150 m, Zeit: ca. 1½ Std.
Zustieg: Vom Hintersee, Seeklause (P), 789 m, zur Blaueishütte, 1680 m. Auf dem Normalweg Richtung Schärtenspitze und dann auf bez. Pfadspuren links ab und schräg ansteigend Richtung Steinberg. Bei Steinmann scharf nach rechts in die Schärtenscharte, 2060 m. Einstieg direkt am Grataufschwung. Ca. 3 Std.
Abstieg: Auf dem markierten, gesicherten Normalweg zur Blaueishütte (ca. 1 Std.).
Weitere Routen: Ein bekannter, beliebter und sehr schöner Klassiker ist der N-Grat der Blaueisspitze (IV). Im Bereich des Blaueises (Rotpalfen, Kleinkalter) gibt es eine Anzahl sehr schwieriger, sportlicher Touren aus neuerer Zeit.

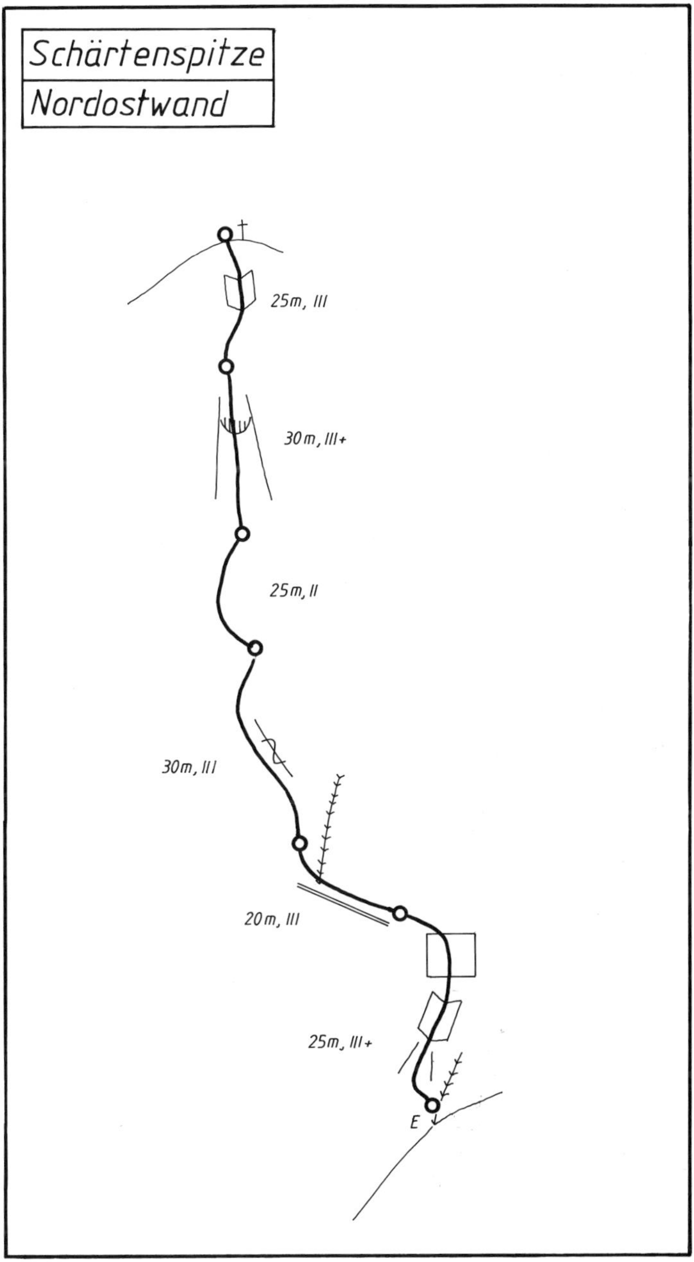
Schärtenspitze
Nordostwand
25m, III
30m, III+
25m, II
30m, III
20m, III
25m, III+
E

19 Untersberg, Salzburger Hochthron (1853 m) Ostwandverschneidung

Erstbegeher: E. Schlager und S. Dumler.
Schwierigkeit: IV+ (2 bis 3 Stellen), anhaltend IV.
Charakter: Ausnehmend schöne Kletterei in festem, wasserzerfressenem Fels. Pfiffiger Zugang.
Kletterlänge: ca. 220 m, Zeit: ca. 2 Std.
Zustieg: Da der Zugang von unten wegen des Schrofenvorbaues der Wand sehr unerquicklich ist, seilt man von der Gipfelfläche zum Einstieg hinunter. Kurz hinter Marktschellenberg (P), 480 m, führt ein Steig zur Toni-Lenz-Hütte (Eishöhlenhütte) hinauf. Über den spektakulären Thomas-Eder-Steig durch die S-Wand zur Mittagsscharte und weiter auf den Gipfel des Salzburger Hochthrons. (Wer vor gar nichts zurückschreckt, der kann auch mit der Seilbahn aufs Geiereck gleich nebenan fahren.) Südöstl. um den wenig ausgeprägten Gipfelaufbau des Hochthrons verläuft eine an dieser Stelle völlig flache Skipiste. Man folgt ihr Richtung Geiereck, bis sie plötzlich nach unten führt. (Orientierungshilfe: Auf dem in Richtung Geiereck nächsten Buckel sieht man einen merkwürdigen großen Steinmann.) Unmittelbar dort, wo die Piste abfällt, geht man über den latschenbewachsenen Rücken in Richtung der Wand. An seinem Ende steigt man durch eine Grasrinne nach rechts hinab, in Richtung auf den schon sichtbaren Graskopf, der einen trichterförmigen Geröllkessel links begrenzt. Hier Ausstieg des Dreierweges. Ca. 3½ Std. (Die ganze Route ist mit eingemauerten Abseilösen aus Baustahl versehen und überdeutlich markiert. 45 Seilmeter erforderlich!)
Abstieg: wie Zustieg.
Weitere Routen: Gibt es am Untersberg sehr viele. Eine der schönsten ist die „Rechte Hinterstoißer“ (Pfeilersüdwand, V/A2).

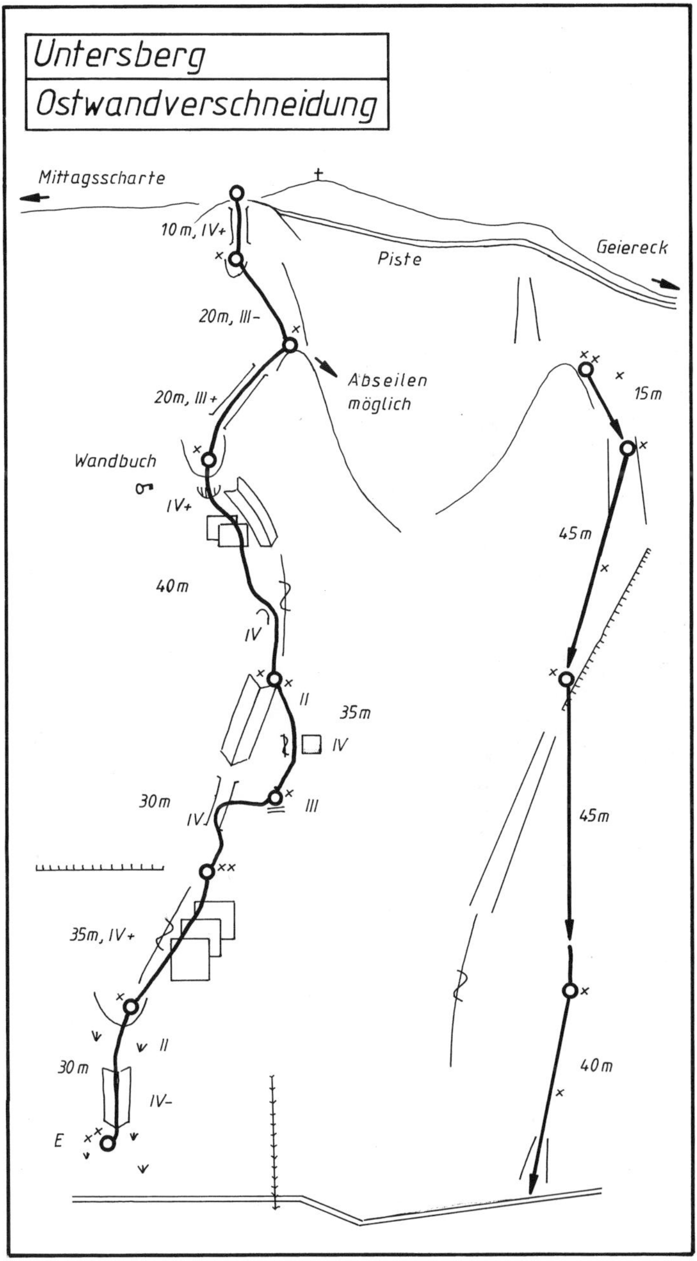
Untersberg
Ostwandverschneidung
Mittagsscharte
Piste
Geiereck
10 m, IV+
20m, III–
Abseilen möglich
20m, III+
Wandbuch
IV+
40m
IV
II
35m
IV
30m
IV
III
35m, IV+
II
30 m
IV–
E
15m
45m
45m
40m

20 Teufelskirchl (2523 m) Südostkante

Erstbegeher: unbekannt.
Schwierigkeit: IV+ (Stellen), meist IV.
Charakter: Kurzer Kletterausflug in herrlichem Fels. Meist erst ab Hochsommer trocken.
Kletterlänge: ca. 250 m, Zeit: ca. 2½ Std.
Zustieg: Vom O-Fuß der Torsäule (siehe Tour 25), nach N abzweigen und über Karrenfelder und Schrofen zum Abbruch der Schoberköpfe mit seinem markanten Anhängsel, dem Teufelskirchl. Über eine Rampe mit zwei auffallenden Höhlen am Beginn auf den Wandvorbau. Dann quert man eine Rinne und erreicht über ein Grasband den Einstieg in Fallinie des markanten Kamins. Ca. 1½ Std. (Der Gipfel ist auf der AV-Karte 10/2, Hochkönig-Hagengebirge, als P. 2523, oberhalb des Schriftzuges „Teufelskirch" bezeichnet.)
Abstieg: Vom Gipfel etwas nach W zur Abseilstelle. 10 m in die Scharte zwischen Teufelskirchl und Östlichem Schoberkopf abseilen. Weiter 20 m durch die westl. Kaminrinne in eine kleine Mulde und von dort durch einen Kamin abseilen in leichteres Gelände. Unschwierig zum Einstieg zurück.
Weitere Routen: Am Teufelskirchl gibt es mehrere Klettertouren. Im Schwierigkeitsgrad IV+ dürfte die „Sallaberger" an der SO-Wand die empfehlenswerteste sein.

21 Teufelskirchl (2523 m) Direkte Südostkante

Erstbegeher: A. Precht und H. Gufler, 1988.
Schwierigkeit: V+, meist IV bis V.
Charakter: Die Direktroute ist fast das ganze Jahr über trocken.
Kletterlänge: ca. 250 m, Zeit: ca. 2½ Std.

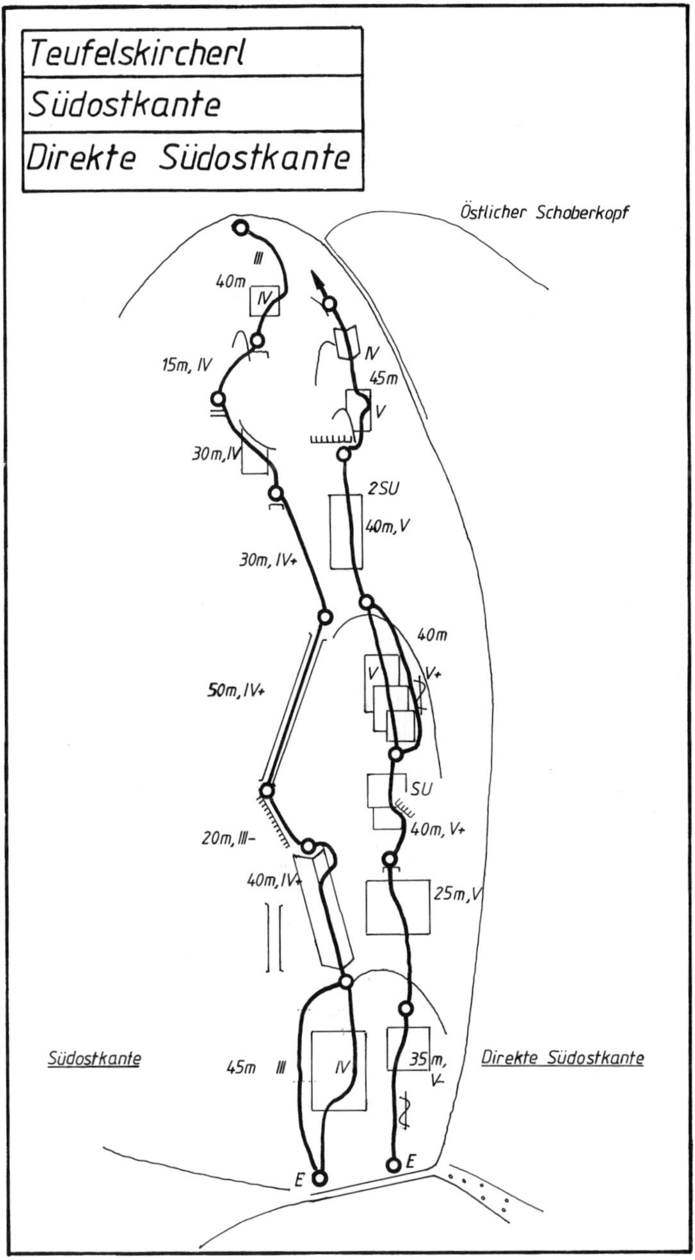
Teufelskircherl
Südostkante
Direkte Südostkante
Östlicher Schoberkopf
III
40m
IV
15m, IV
IV
45m
V
30m, IV
2SU
40m, V
30m, IV+
40m
V
V+
50m, IV+
SU
40m, V+
20m, III–
40m, IV+
25m, V
Südostkante
45m III
IV
35m, V–
Direkte Südostkante
E
E

22 Hochkönig (2941 m) Südwand, „Kesselpfeiler"

Erstbegeher: A. Precht, W. Sucher und W. Bogensberger, 1977.
Schwierigkeit: V– (Stelle), sonst IV und IV+.
Charakter: Ein Nonplusultra unter den mittelschweren Touren! Die Hochkönig-Routen sind alle ausgesprochene Herbsttouren.
Kletterlänge: ca. 310 m plus Gipfelabdachung, Zeit: ca. 4 Std.
Zustieg: Von Mühlbach am Hochkönig oder von Dienten aus zum Dientener Sattel (P), 1363 m. Auf Wanderweg bis zum Trockenbach, jenseits der Einmündung des Weges aus dem Birgkar. Im Bachbett aufwärts bis unter die Südwände und zuletzt nach rechts zum großen, trichterförmigen Hochkönig-Ostkessel, gleich westlich des Großen Bratschenkopfes. Der „Kesselpfeiler" verläuft über die linke Begrenzungswand und -kante des großen Trichters. Einstieg bei einem markanten, senkrechten Riß links vom unteren Ende des Trichters. Ca. 2 Std.
Abstieg: Nördl. um den Hochkönig-Gipfel (Matrashaus) in die Birgkarscharte und über den Birgkarsteig zum Dientener Sattel zurück. Ca. 3 Std.
Weitere Routen: Die SW-Wand des Ostkessels (V+), die „Kesselkante" (V), die „Maria" (IV+) und der „Parasympathikus" (V+) sollen alle sehr schöne Klettereien in gutem Fels sein. Nicht zu früh im Jahr angehen!

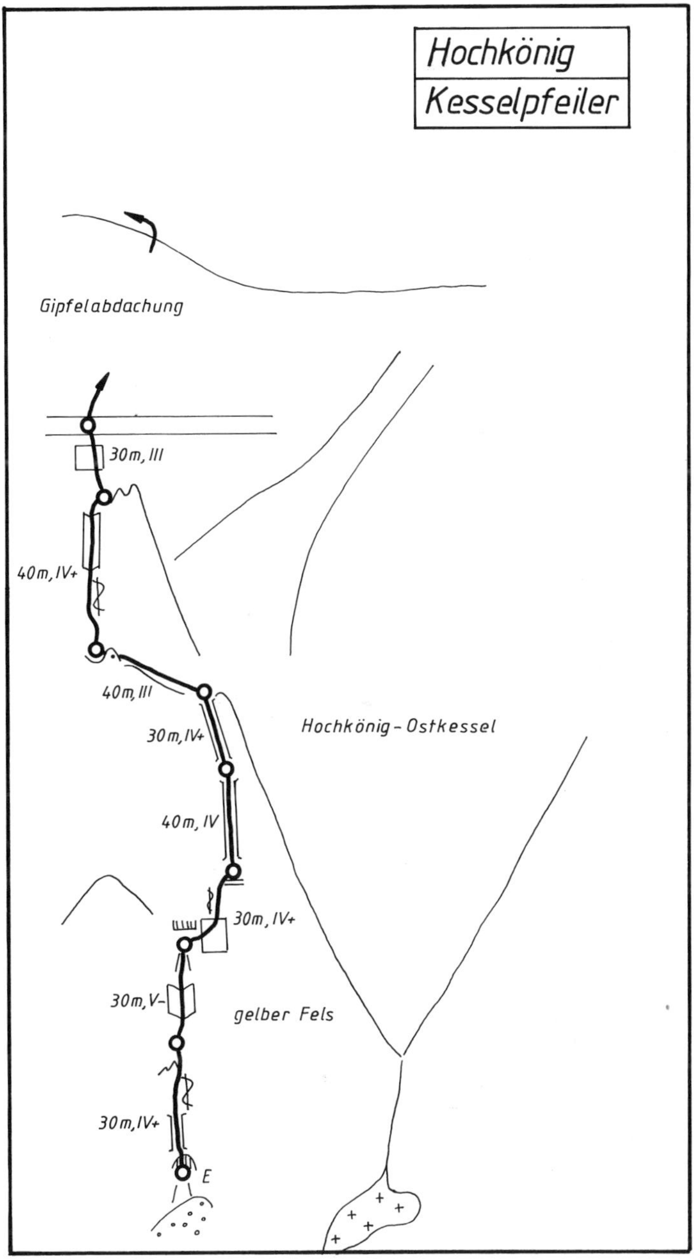
Hochkönig
Kesselpfeiler
Gipfelabdachung
30m, III
40m, IV+
40m, III
30m, IV+
Hochkönig - Ostkessel
40m, IV
30m, IV+
30m, V-
gelber Fels
30m, IV+
E

23 Hochkönig (2941 m)
Südverschneidung, „Dientener Weg“

Erstbegeher: S. Portenkirchner und R. Franzl, 1972.
Schwierigkeit: IV+ (fast durchgehend), A1 (1 SL).
Charakter: Großartige, bis auf eine Seillänge freie Verschneidungskletterei. Beste Zeit: Hochsommer bis Spätherbst; früher im Jahr meist naß. Die technische SL ist meistens naß, was aber nicht stört.
Kletterlänge: 300 m plus Gipfelabdachung, Zeit: ca. 4 Std.
Zustieg: Wie bei Tour 22 in das Trockenbachtal, doch unter die Südwand des Hochkönig-Hauptgipfels selbst: Nach links aus der Rinne und beliebig über den breiten Rücken zum Wandfuß hinauf, in Richtung auf einen auffallenden roten Wandabbruch. Einstieg etwa 40 m links des Abbruches. Die markante Verschneidung der Südwand ist schon von weitem sichtbar. Ca. 2 Std.
Abstieg: Vom Hochkönig-Gipfel wie bei Tour 22 zum Dientener Sattel zurück.

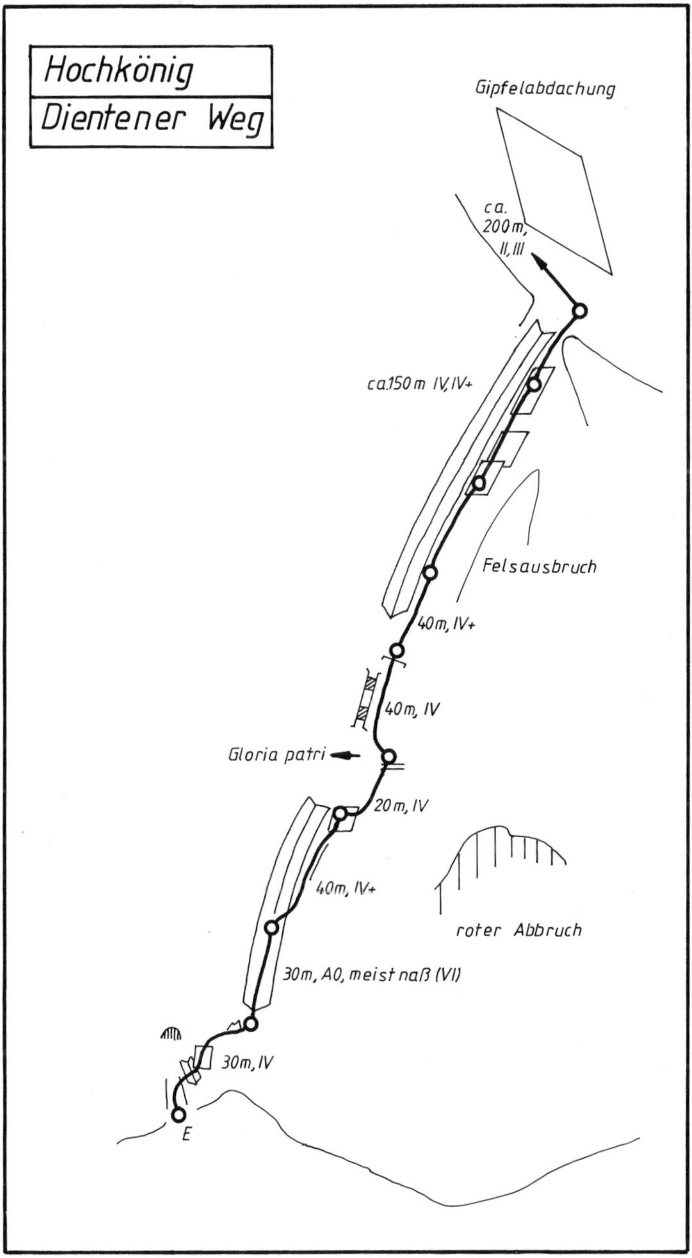
Hochkönig
Dientener Weg
Gipfelabdachung
ca. 200 m, II, III
ca.150 m IV, IV+
Felsausbruch
40m, IV+
40m, IV
Gloria patri
20m, IV
40m, IV+
roter Abbruch
30m, A0, meist naß (VI)
30m, IV
E

24 Selbhorn (2654 m) Alte Südkante

Erstbegeher: K. v. Kraus und O. Reisch, 1924.
Schwierigkeit: V+ (Stelle), meist IV–V.
Charakter: Empfehlenswerte Kletterei in vorwiegend festem Fels und einsamer Umgebung. Langer, jedoch landschaftlich ungemein reizvoller Zustieg. Ideale Frühjahrs- und Spätherbsttour.
Wandhöhe: ca. 250 m, Kletterlänge: ca. 300 m, Zeit: ca. 4 Std.
Zustieg: Von Maria Alm in den Krallerwinkel bis zum Straßenende am Rohrmooserhof (P), 900 m. Auf Steig zur Lechneralm und weiter auf den Braggstein. Immer auf dem aussichtsreichen Höhenrücken entlang zu den Felsen des Selbhorns. Ca. 3 Std.
Abstieg: Vom Ausstieg am Selbhorn-SW-Wand-Klettersteig erreicht man den Gipfel in ca. 1½ Std. über den Grat (Steinmänner, Steigspuren, II–III). Abstieg auf demselben Steig bis zum Normalweg von der Luegscharte her (oder ganz auf diesem) und zum Rucksackdepot hinüber.
Weitere Routen: Die Direkte Südkante (VI–/A1), rechts nebenan.

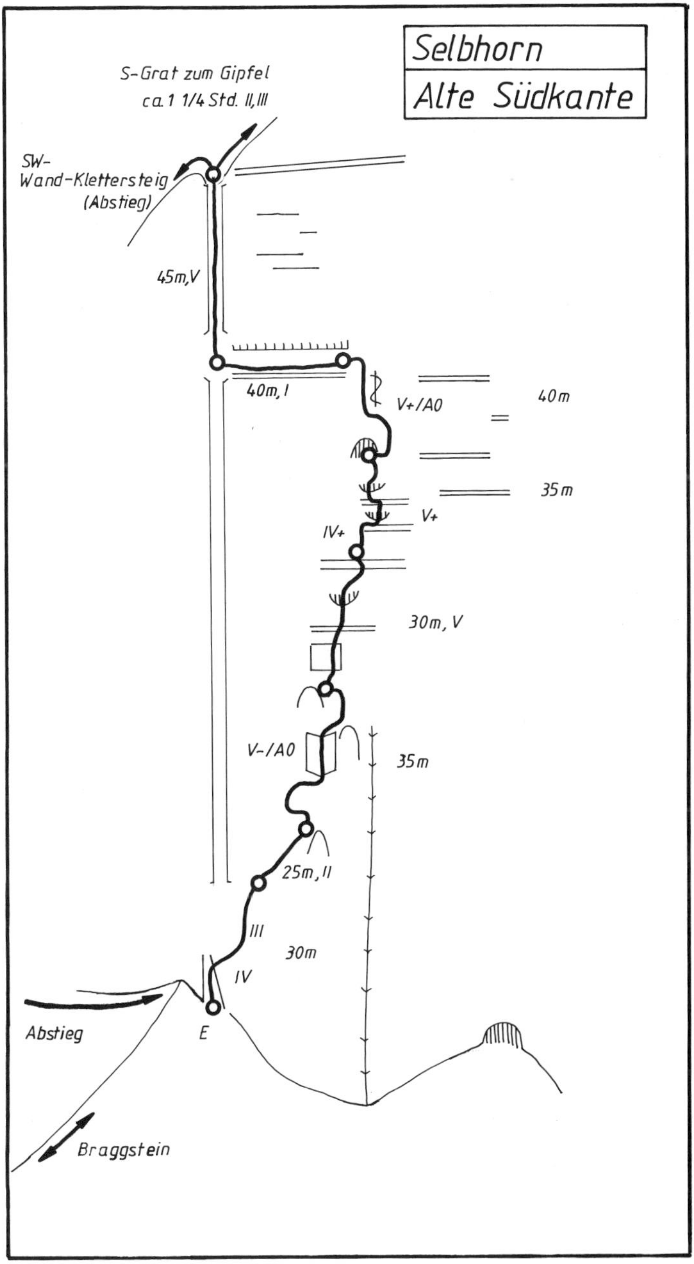
Selbhorn
Alte Südkante
S-Grat zum Gipfel
ca. 1 1/4 Std. II,III
SW-
Wand-Klettersteig
(Abstieg)
45m,V
40m, I
V+/A0
40m
35m
V+
IV+
30m, V
V-/A0
35m
25m, II
III
30m
IV
Abstieg
E
Braggstein

25 Torsäule (2586 m) Südverschneidung

Erstbegeher: E. Rainer und H. Lindner, 1946.
Schwierigkeit: V+ (15 m, anstrengend; kann A0 umgangen werden), anhaltend V–.
Charakter: Prächtige Freikletterei in schönem Fels. Im Frühjahr oft länger naß.
Wandhöhe: ca. 250 m, Zeit: ca. 3 Std.
Zustieg: Von Mühlbach a. Hochkönig zum Arthurhaus (P), 1502 m. Auf bequemem Weg zur Mitterfeldalm und weiter, die Manndlwand umgehend, Richtung Hochkönig, bis unter die Südwand der Torsäule. Im Spätwinter und Frühling ideal mit Ski. Einstieg am Fuß der markanten Riesenverschneidung. Ca. 1¾ Std.
Abstieg: Durch steiles, grasdurchsetztes Schrofengelände (I bis II) zunächst über den Ostgrat, dann durch eine Rinne nach SW zum Wandfuß hinab. Ca. ½ Std.
Weitere Routen: An der Torsäule gibt es zahllose, überwiegend schwere Klettermöglichkeiten. Schön sind die „Hawelka“ (im alten AV-Führer mit A2 eingestuft, kann aber je nach Können überwiegend frei geklettert werden, bis VII–, Stelle A1) und der Südpfeiler (VI+/A2); sie sind auch meist trocken. Eine wesentlich leichtere Tour ist der SW-Riß (IV+).

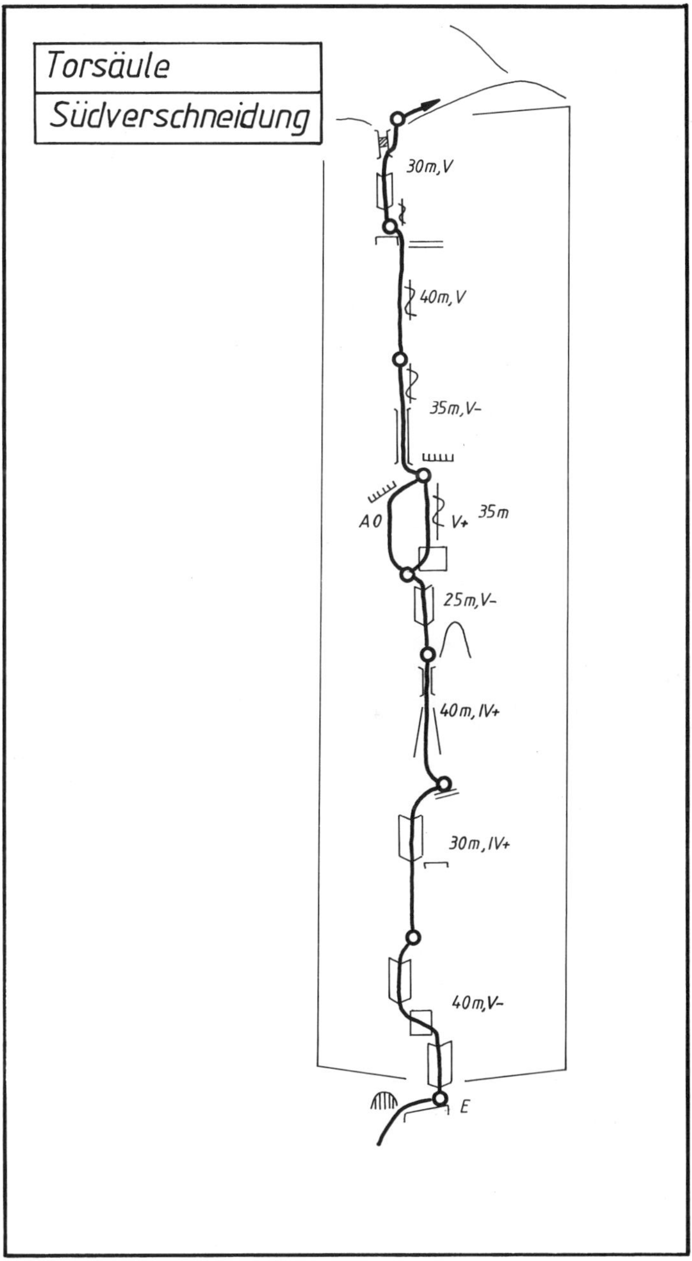
Torsäule
Südverschneidung
30m,V
40m,V
35m,V-
A0
V+
35m
25m,V-
40m,IV+
30m,IV+
40m,V-
E

26 Wetterriffel (2617 m) Direkte Ostwand

Erstbegeher: R. Grutschnigg und W. Breitfuß, 1951.
Schwierigkeit: V+ (mehrere Stellen), meist IV–V, A0 (Stelle).
Charakter: Lohnende, abwechslungsreiche Kletterei in sehr gutem Fels. Meist trocken. Langer Weiterweg und Abstieg.
Kletterlänge: ca. 350 m, Zeit: ca. 3 Std.
Zustieg: Vom Hintersattel (P), 1266 m, 2 km östlich des Dientener Sattels, auf Fußweg zur Wiedersbergalm und dann nach NNO zum „First" am Fuße des Schrofenvorbaus. Dort, wo der First an diesen stößt, nach links aufwärts (Steig) in eine Schlucht. Diese gerade empor, dann nach links aus ihr heraus zu einem auffallenden Turm des Westgratsporns. Bevor man ihn erreicht, nach rechts über Wandstufen aufwärts (ein markantes rotes Loch zur Rechten), auf eine Terrasse und über diese nach rechts zum Einstieg queren (II). Ca. 2 Std.
Abstieg: Der Gipfel ist auf der AV-Karte nicht namentlich, sondern nur als „P. 2617" unter dem Schriftzug „Wetterwand" eingetragen. Weiterweg nach N in die Scharte zwischen Wetterriffel und Großem Bratschenkopf. Durch unschwierige Rinnen an diesem bis in halbe Wandhöhe aufwärts. Nun kurzer Quergang nach links und in prächtiger Kletterei zum Gipfel (Stellen III, ca. 200 Hm.). Ca. 1 Std. Abstieg über den Hochköniggipfel – Birgkar – Wanderweg zur Wiedersbergalm. Ca. 3½ Std.

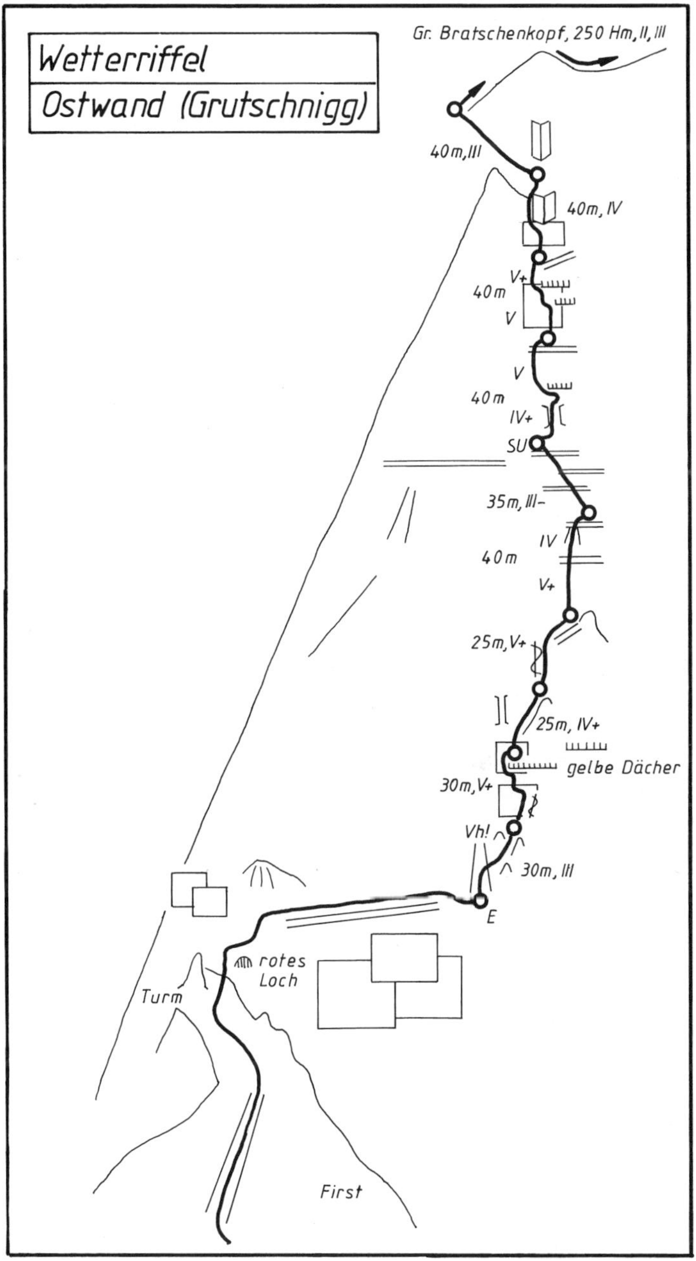
Wetterriffel
Ostwand (Grutschnigg)
Gr. Bratschenkopf, 250 Hm, II, III
40 m, III
40 m, IV
V+
40 m
V
V
40 m
IV+
SU
35 m, III–
IV
40 m
V+
25 m, V+
25 m, IV+
gelbe Dächer
30 m, V+
Vh!
30 m, III
E
rotes Loch
Turm
First

27 Großes Häuslhorn (2284 m) Südverschneidung

Erstbegeher: W. Schertle und H. Stutzig, 1976.
Schwierigkeit: VI– (1 Zug), Passagen V+, A2 (eine Passage).
Charakter: Durchaus empfehlenswerte Riß- und Verschneidungskletterei in gutem Fels. Die technische Kletterei beschränkt sich auf einen mächtigen Überhang (7–8 m, Bohrhaken). Ideale Spätherbsttour, dürfte auch im Frühsommer günstig sein.
Wandhöhe: ca. 450 m, Kletterlänge: ca. 350 m, Zeit: ca. 3 bis 4 Std.
Zustieg: Bei Au nördl. Lofer von der Bundesstraße abzweigend, zum Gasthof Mayrberg (P), ca. 1000 m. Zu Fuß auf der Forststraße weiter. Bei der Verzweigung rechts, dann aber bald auf einem Fußweg nach links Richtung „Jagdhütte Daxstein“ bzw. „Berger Maiß Alm“. Man trifft kurz vor seinem Ende wieder auf die Forststraße. Wenige Meter auf dem Weg weiter, bis zum trockenen Bachbett, das gerade hinauf zum Fuß der Häuslhornwände zieht. Über Schrofen zum linken Wandteil. Links des in Gipfelfallinie am tiefsten herabreichenden Ausläufers durchzieht ein Riß- und Verschneidungssystem die Wand. Sein rechter Teil vermittelt den Durchstieg. Ca. 2¼ Std.
Abstieg: Normalerweise über die Häuslhornrinne: Vom Gipfel nach NW in die Scharte. Durch die Rinne hinab; ein Abbruch wird mit einer im Abstiegssinn rechts ausholenden Schleife (plattiges Band, II) umgangen. Man hält sich am linken Rinnenrand, bis man auf einem Band nach links (Osten) auf eine Rampe unter den Wänden herausqueren kann. Ca. ¾ Std. Wenn die Rinne nicht begehbar sein sollte (Schnee), so muß man auf dem langen Normalweg über die Roßgasse und den Alpasteig absteigen. Von diesem aus Verbindungsweg zum Gasthof Mayrberg.
Weitere Routen: Alle Südwandrouten am Großen Häuslhorn sind empfehlenswert.

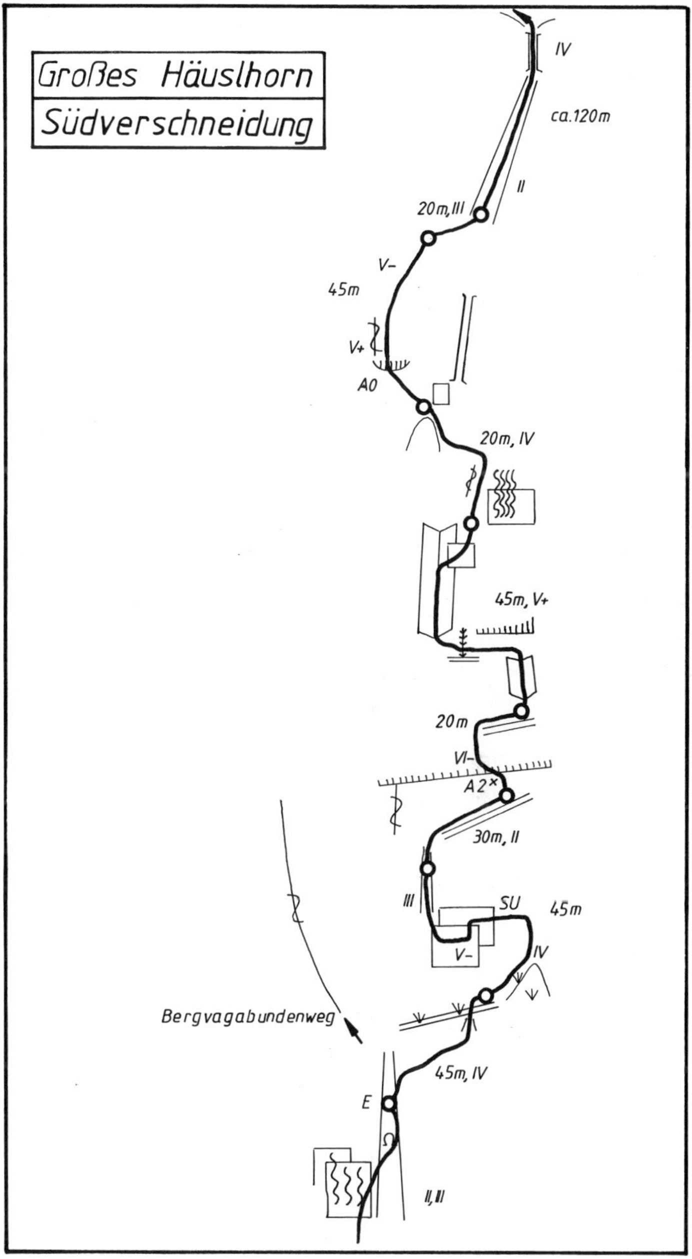
Großes Häuslhorn
Südverschneidung
IV
ca.120m
II
20m,III
V–
45m
V+
A0
20m, IV
45m, V+
20m
VI–
A2×
30m, II
III
SU
45m
V–
IV
Bergvagabundenweg
45m, IV
E
II, III

28 Kleiner Archenkopf (2381 m) Südwand, „Aquarius“

Erstbegeher: M. Hallinger und L. Köppl, 1983.
Schwierigkeit: V+, aufgrund des wenig zwingenden Routenverlaufs (Wasserrillen) kann man leicht auch in schwierigeres Gelände geraten!
Charakter: Moralisch anspruchsvolle Wasserrillenkletterei in hervorragendem Fels. Die Zwischensicherungen wurden von späteren Begehern angebracht. Mehrere große Friends für die Wasserrrillen empfehlenswert. Mehrere Varianten möglich.
Kletterlänge: ca. 300 m, Zeit: ca. 3 bis 4 Std.
Zustieg: Von Berchtesgaden nach Hinterbrand (P), ca. 1100 m, unweit der Jenner-Mittelstation. Über die Mitterkaser-Alm zum Torrener Joch, 1728 m, 2 Hütten, und jenseits zur Joch-Alm hinab. Wo die Serpentinen der Almstraße beginnen, zieht eine Felsrinne zur Südseite des Archenkopfes, links des markanten Südgrates hoch. Über den diese Rinne westl. begrenzenden Rücken zum Wandfuß und unter diesem ein Stück nach O, wo die Rinne an die Wand stößt. Die Rinne selbst meiden; Klettergelände! Einstieg an der schwächsten Stelle der plattigen Wand, dort, wo der Überhangwulst von einem Kamin unterbrochen wird. Ca. 3 Std. Man kann auch von Golling durchs Bluntautal zum Gasthof Bärenhütte (P), ca. 500 m, hinauffahren und auf Fahrstraße zur Jochalm gehen.
Abstieg: Über die Route abseilen.
Weitere Routen: Eine relativ wenig bekannte Tour aus den 70er Jahren ist der lange S-Grat (V+/A2). Aus jüngerer Zeit gibt es noch weitere sportliche Klettereien in den Plattenzonen der Archenkopf-Südseite. Auch am benachbarten Grünwandkopf finden sich mehrere schwierige Routen.

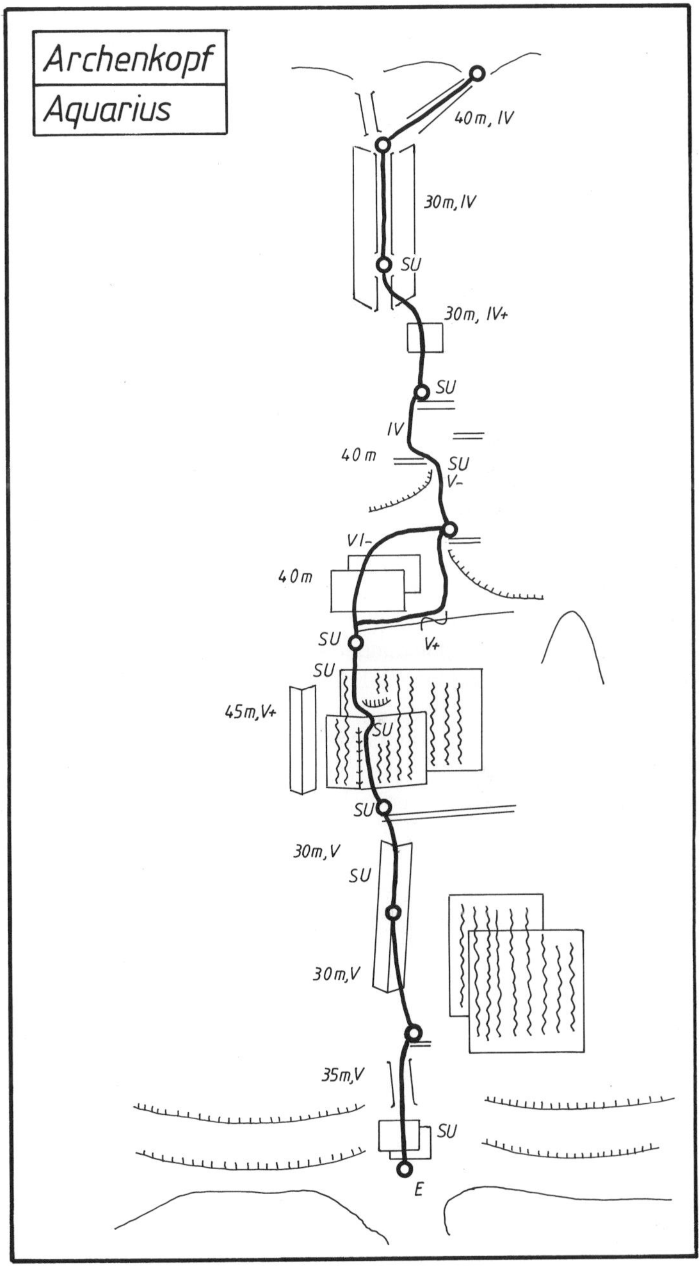
Archenkopf
Aquarius
40m, IV
30m, IV
SU
30m, IV+
SU
IV
40 m
SU
V–
VI–
40m
SU
V+
SU
45m, V+
SU
SU
30m, V
SU
30m, V
35m, V
SU
E

29 Großes Mühlsturzhorn (2235 m) Alte Südverschneidung

Erstbegeher: Lobenhoffer, Hollerieth, Rausch und Wimmer, 1948.
Schwierigkeit: VI– (anhaltende Passagen), oft V, A2 (zwei Stellen).
Charakter: Sehr schöne, abwechslungsreiche, überwiegend freie Kletterei. Im unteren Teil Wand-, in den letzten zwei Seillängen Verschneidungskletterei. Auch früh oder spät im Jahr begehbar, doch kann die Verschneidung selbst u. U. länger feucht sein – der Überhang ist es fast immer.
Wandhöhe: ca. 250 m bis zum Ausstieg, Kletterlänge: ca. 400 m, Zeit ca. 4–5 Std.
Zustieg: Vom Parkplatz Hintersee, 790 m, auf Asphaltstraße (Fahrrad günstig) oder auf breitem Wanderweg ins Klausbachtal, bis 200 m hinter der Engert-Holzstube ein kleiner Steig („Schaflsteig") westl. emporführt. Auf diesem durch die Wald- und dann die Krummholzregion, zum Schluß über einen Höhenrücken unmittelbar an den Fuß der Mühlsturzhornwände. Im linken Wandteil, wenig rechts der Stelle, an der der Höhenrücken an die Wand stößt, fallen zwei ausgeprägte Verschneidungen auf. Einstieg in Fallinie der rechten Verschneidung, dort wo ein Schrofenvorbau an der Wand lehnt. Ca. 1¾ Std.
Abstieg: Der Weiterweg zum Gipfel des Mühlsturzhorns ist bei den meisten Touren an der Südseite nicht üblich. Bei der Verschneidung dient der letzte Standplatz zugleich als erster Stand der Abseilpiste, die durch die Südkamine (DAV-Sicherheitshaken) zum Rucksackdepot hinabführt.
Weitere Routen: Schön und wohlbekannt sind die Direkte Südkante (VI/A1) und die Alte Südkante (V+/A1).

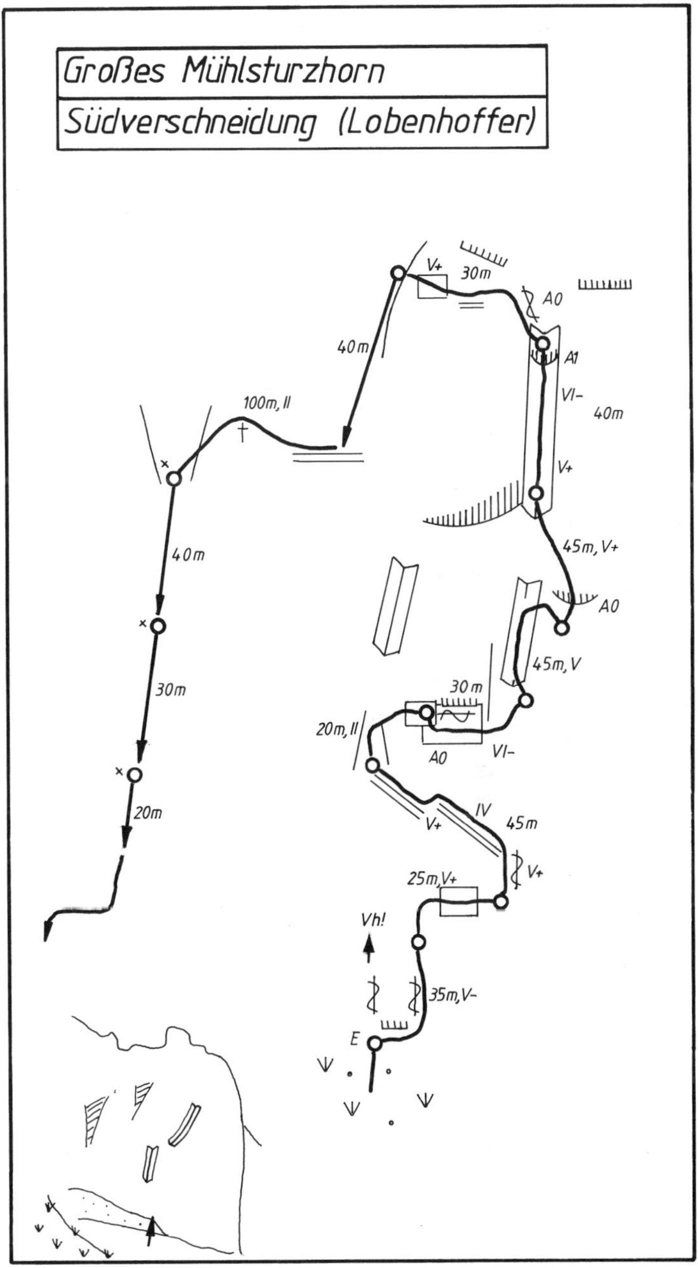
Großes Mühlsturzhorn
Südverschneidung (Lobenhoffer)
V+
30m
A0
40m
A1
VI-
40m
100m, II
V+
40m
45m, V+
A0
45m, V
30m
30m
20m, II
A0
VI-
20m
IV
45m
V+
V+
25m, V+
Vh!
35m, V-
E

30 Kleiner Watzmann (2307 m) Westwandriß

Erstbegeher: K. Dreher und T. Kurz, 1934.
Schwierigkeit: VI– (eine Seillänge), meist IV und V, A0 (mehrere Passagen). Frei VI.
Charakter: Prachtvolle, ausgesetzte Kletterei in bestem Fels. Im oberen Teil Varianten möglich. Aufgrund der Bänder nicht zu zeitig im Jahr begehen.
Wandhöhe: ca. 350 m, Kletterlänge: ca. 450 m, Zeit: ca. 5–6 Std.
Zustieg: Von der Wimbachbrücke (P), 600 m oder vom Wirtshaus Hammerstiel (P), 700 m (Berchtesgaden-Hinterschönau) durchs Schapbachtal Richtung Kühroint-Hütte (Forststraße, Fahrrad günstig!). Hierher auch von Königssee (P), 540 m; weiter in Richtung Watzmannhaus. Aus dem Schapbachtal geht man nicht ganz bis Kühroint, sondern bei der scharfen Linkskurve („Benzinkurve") der Straße geradeaus Richtung Watzmannkar. Ins Kar und hinauf zum Wandfuß. Einstieg ca. 50 bis 100 m oberhalb der markanten W-Verschneidung, unter einem auffallenden, langen, geraden Riß, 20 m links eines roten Wandabbruches. Jeweils ca. 2½ Std.
Abstieg: Gelbe Markierung: Vom Gipfel nach O ausholend über eine Felsplatte, bis man durch eine gutgestufte Rinne nach S auf ein bequemes Band gelangt. Über dieses abfallend nach Westen zurück und weiter auf das weitläufige Schrofen- und Grasgelände des Nordgrates. Den Grat hinab, der bald schmaler wird (II), und schließlich durch eine Latschengasse in den Lärchenwald hinab. Rechtshaltend auf den Steig zum Kührointhaus. Ca. 1¼ Std. Bei den ersten Hütten zweigt ein Fahrweg links ins Schapbachtal ab; man erspart sich damit die erste, besonders lange Straßenkehre.
Weitere Routen: An der W-Wand viele Routen zwischen III+ und VII–. Weitere Routen von IV bis VI– an der Hocheck-O-Wand (Watzmann).

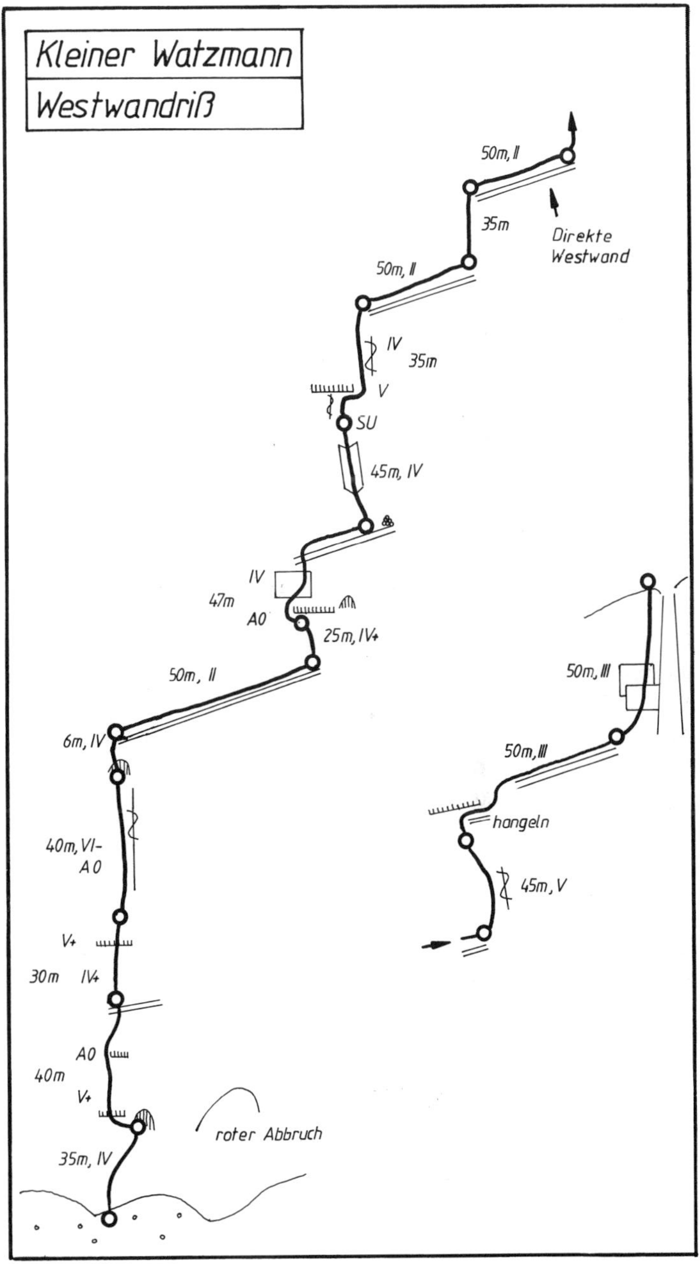
Kleiner Watzmann
Westwandriß
50m, II
35m
Direkte Westwand
50m, II
IV
35m
V
SU
45m, IV
IV
47m
A0
25m, IV+
50m, II
6m, IV
40m, VI-
A0
V+
30m
IV+
A0
40m
V+
roter Abbruch
35m, IV
50m, III
50m, III
hangeln
45m, V

31 Alpawand (1671 m) Alte Nordwand

Erstbegeher: Dürnberger, Herbst und Schmiderer, 1951.
Schwierigkeit: VI– (mehrere Stellen), oft V.
Charakter: Durchaus empfehlenswerte Kletterei von ausgesprochen alpiner Art. Wurde ohne Verwendung von Felshaken erstbegangen! Ein großer Friend oder Hex ist nützlich.
Wandhöhe: ca. 450 m, Zeit: ca. 5–6 Std.
Zustieg: Von Reith, zwischen Unken und Lofer Richtung Neue Traunsteiner Hütte. P beim Gatter, ca. 600 m. Über die Forststraße talein. Auf dem Alpasteig Richtung Traunsteiner Hütte, bis man unter einer von der Alpawand herabziehenden Rinne angekommen ist. Diese Rinne ist zunächst nur ein ganz unscheinbares trockenes Bachbett; sie führt geradewegs zum Wandfuß hinauf und weitet sich dabei zu einem breiten, schrofigen, unangenehmen Trichter. Zum Schluß schräg linkshaltend steigt man zum Wandfuß hinauf. An diesem entlang verläuft ein Gamswechsel, dem man nach rechts (S) bis zum Fuß des tief herabziehenden Pfeilers im linken Wandteil folgt. Wo der Wechsel um die Ecke führt, ist bei einem einzelnen Nadelbaum (Lärche oder Fichte) der Beginn der Kletterei. Ca. 1½ Std. Sie führt zunächst über grasdurchsetzten Fels und durch Latschendickicht gerade zum eigentlichen Einstieg hinauf. (Man kann diesen auch von weiter rechts her in einer Schleife nach links erreichen, doch ist dieser Zugang weniger empfehlenswert.)
Abstieg: Vom Ausstieg nach O und dann nach NO durch Wald (Wegspuren) zur Alpaalm und über den Alpasteig zum Parkplatz hinab. Ca. 2 Std.
Weitere Routen: Die Precht-Ausstiegsvariante ist empfehlenswert, die gleich zu Beginn abzweigende Variante Krafft-Rechler sieht weniger einladend aus (naß).

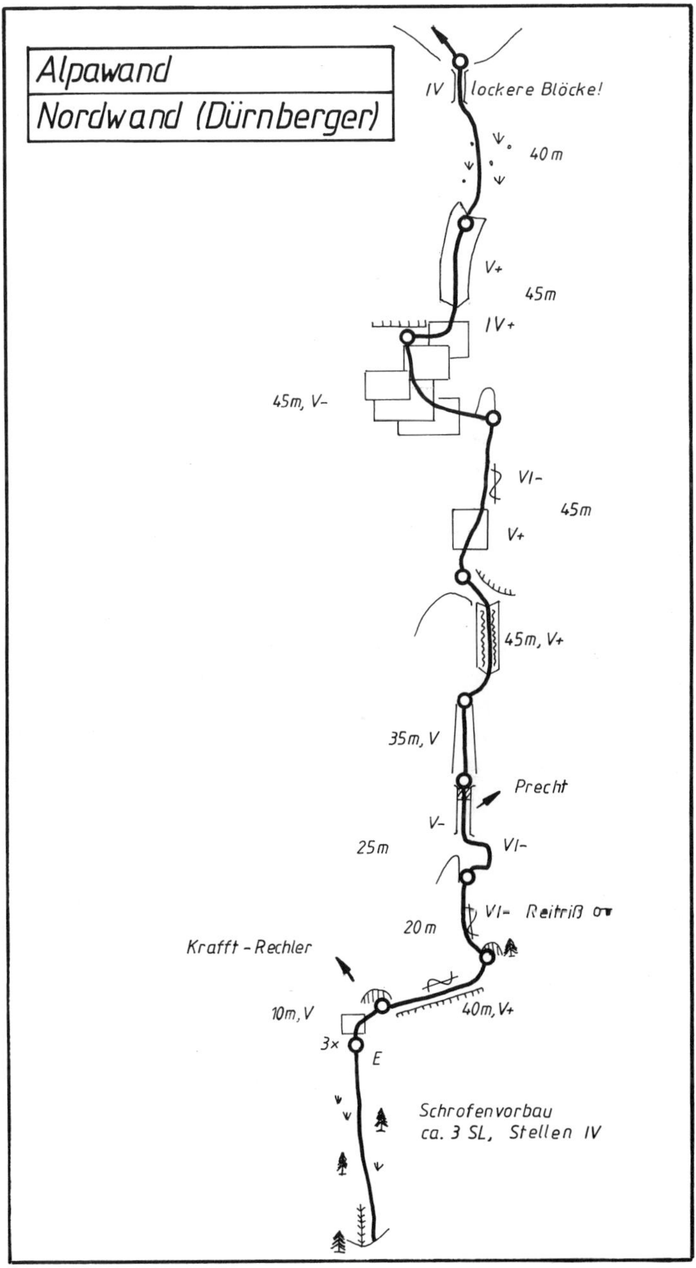
Alpawand
Nordwand (Dürnberger)
IV
lockere Blöcke!
40 m
V+
45m
IV+
45m, V-
VI-
45m
V+
45m, V+
35m, V
Precht
V-
25m
VI-
VI- Reitriß
20 m
Krafft - Rechler
10m, V
40m, V+
3×
E
Schrofenvorbau
ca. 3 SL, Stellen IV

32 Wartsteinwand (1728 m) „Sepp-Rieser-Gedächtnisführe“

Erstbegeher: K. Schrag und S. Trippacher, 1973.
Schwierigkeit: VI (Stellen), meist V bis VI–, A0 (mehrere Stellen). Frei VIII–.
Charakter: Schwierige, sportliche Plattenkletterei, kann aufgrund guter Absicherung weitgehend frei geklettert werden.
Kletterlänge: ca. 350 m, Zeit: ca. 5 bis 6 Std.
Zustieg: Über Schneizlreuth – Unterjettenberg nach Oberjettenberg (Truppenübungsplatz, P), 650 m. Zunächst auf Straße, später auf Fußweg Richtung Schrecksattel – Traunsteiner Hütte. An der Kehre oberhalb der Quelle zweigt ein Jagdsteig nach N ab, der ohne bedeutende Steigung zur Wand hinüberführt. Nach Queren einer sandigen Rinne schräg links aufwärts, am Fuße des Latschenvorbaues vorbei, an den linken Wandpfeiler, dort wo dieser unmittelbar aus dem Wald emporsteigt. Ca. 2 Std.
Abstieg: Vom Gipfel nach SSO hinab auf den Schrecksattelsteig und über diesen bequem nach Oberjettenberg. Ca. 3 Std.
Weitere Routen: Von den nord- und nordwestseitigen Touren an der Reiter Alm sind besonders empfehlenswert: Die „Karl-Bierdimpfl-Gedächtnisführe“ (VI–/A) an der Wartsteinwand, die „Pfeilerwand“ (VI–/A0) am Hirscheck und die Direkte Nordwand am Hirschwieskopf (VI–/A1).

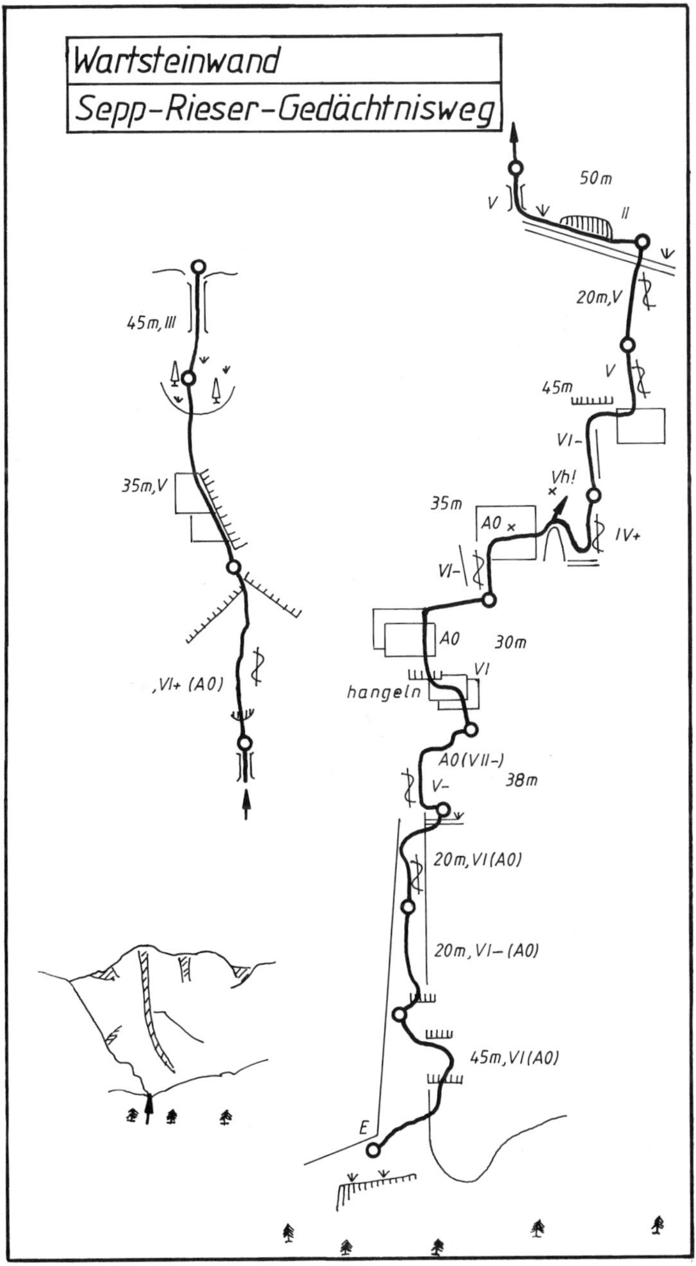
Wartsteinwand
Sepp-Rieser-Gedächtnisweg
45m, III
35m, V
, VI+ (A0)
50m
V
II
20m, V
V
45m
VI-
Vh!
35m
A0
IV+
VI-
A0
30m
VI
hangeln
A0(VII-)
38m
V-
20m, VI(A0)
20m, VI– (A0)
45m, VI(A0)
E

33 Hochkönig (2941 m)
Südwand, „Gloria patri“ (Direkte Variante)

Erstbegeher (Direktvariante): A. Precht und W. Sucher, 1985.
Schwierigkeit: VI (2 Stellen), meist IV+ bis V+
Charakter: Ein „Gedicht in Fels“! Schwierige, prachtvolle Freikletterei. Wie alle Hochkönig-Touren bis in den Hochsommer hinein sehr naß. 50-m-Seil vorteilhaft.
Kletterlänge: ca. 550 m, Zeit: ca. 6 Std.
Zustieg: wie bei Tour 23. Die ersten drei Seillängen sind mit dieser gemeinsam.
Abstieg: wie bei Tour 23.
Weitere Routen: Die Südverschneidung (Prechtroute, V/A1 oder VI), und besonders der „Don Juan“ (V+) gelten als Kletterschmankerl vom Feinsten.

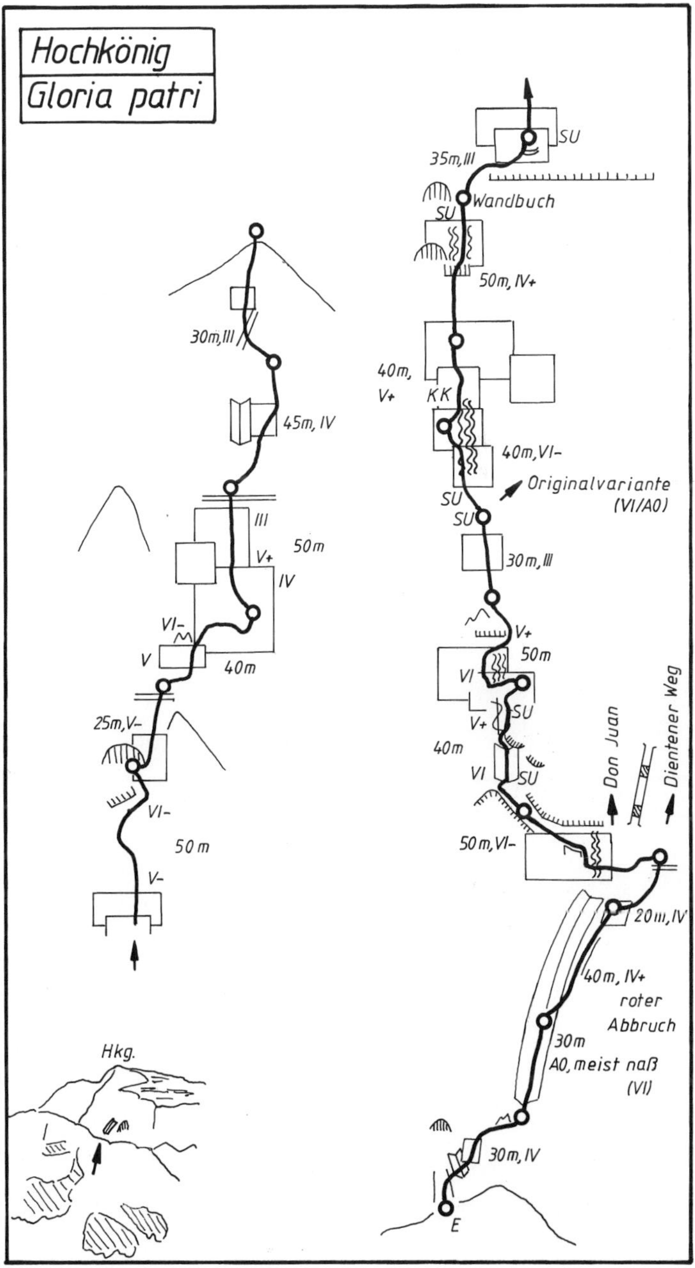
Hochkönig
Gloria patri
35m, III
SU
Wandbuch
SU
50m, IV+
40m,
V+
KK
40m, VI-
Originalvariante
(VI/A0)
SU
SU
30m, III
V+
50m
VI
SU
V+
40m
VI
SU
Don Juan
Dientener Weg
50m, VI-
20m, IV
40m, IV+
roter
Abbruch
30m
A0, meist naß
(VI)
30m, IV
E
30m, III
45m, IV
III
50m
V+
IV
VI-
V
40m
25m, V-
VI-
50 m
V-
Hkg.

Der Wilde Kaiser und die Chiemgauer Alpen

Der Kaiser braucht als Klettergebiet kaum mehr vorgestellt zu werden. Immer wieder ist hier Klettergeschichte und Geschichte der alpinistischen Technik geschrieben worden: Von Hans Dülfer, der 1915 an der Fleischbank den Seilzugquergang anwendete, der ein Jahr später die Totenkirchl-Westwand vor der Erstbegehung abseilend erkundete, von Peter Moser und Wastl Weiß, die 1944 in der Fleischbankverschneidung die wohl ersten Bohrhaken der Alpen setzten, von Helmut Kiene und Reinhard Karl, die 1977 erstmals auch die papierene VI+-Schallmauer durchbrachen, von Prem Darshano und Wolfgang Müller, die 1985 den IX. Grad ohne Bohrhaken und von unten kletterten ... Und für wenige Gebiete ist diese spannende

Historie so lückenlos dokumentiert wie für den Kaiser. Das Alpenvereinsjahrbuch 1987 ist diesbezüglich eine wahre Fundgrube.
Die meisten und auch die meistbegangenen Klettertouren konzentrieren sich im Bereich der eindrucksvollen Steinernen Rinne bzw. des Ellmauer Tores. Die Kehrseite dieser Medaille braucht nicht verschwiegen zu werden; es ist der sprichwörtliche „Kaiserspeck“. Weitere, für Kaiserverhältnisse teilweise weniger begangene Gebiete sind der Ostkaiser im Bereich der Ackerlhütte und die Ostwände des Predigtstuhles und des Mitterkaisers.
Im Gegensatz zum Wilden Kaiser stehen die zahmen Chiemgauer Alpen, das waldige, bayerisch-tirolerische Grenzgebirge, aus dem nur einige Felsinseln herausschauen: die Kampenwand, die Hörndlwand, die Steinplatte.

Abend auf dem Treffauer. Vorne der Scheffauer, im Hintergrund Karwendel, Rofan und Bayerische Voralpen.

34 Waidringer Steinplatte (ca. 1800 m) „Elend“ Alte Südwestkante

Erstbegeher (Elend): P. Koller, L. Rieser und P. Schäffler, 1982
Schwierigkeit: VII– (2 Stellen), 1 SL VI, sonst IV und V+. Die höchsten Schwierigkeiten können über die alte SW-Kante umgangen werden.
Charakter: Rassige, kurze Extremkletterei. In den Platten Bohrhaken; der Körperriß kann mit großen Hex oder Friends einwandfrei abgesichert werden. Sehr gut im Spätherbst.
Kletterlänge: ca. 120 m, Zeit ca. 2 Std.
Zustieg: Von Waidring auf steiler Mautstraße zum Parkplatz des Skigebietes Steinplatte, ca. 1374 m. Ein Stück auf der Piste bzw. Forststraße hinauf und bei der Stallenalm auf den Weg, der unter den S- und SW-Wänden der Steinplatte herumführt. Hinter der Grünwaldalm führt ein kleines Steiglein links aufwärts unter die Wände. Man hält zum ausgeprägten SW-Pfeiler hinüber, der die Wand von hier aus gesehen rechts begrenzt, und der im rechten von drei Wandvorbauten fußt. Ca. 1 Std.
Abstieg: Vom vorletzten Stand über den SW-Pfeiler abseilen.
Weitere Routen: An der Steinplatte gibt es eine große Zahl meist schwieriger bis sehr schwieriger Routen – und es werden immer mehr ...

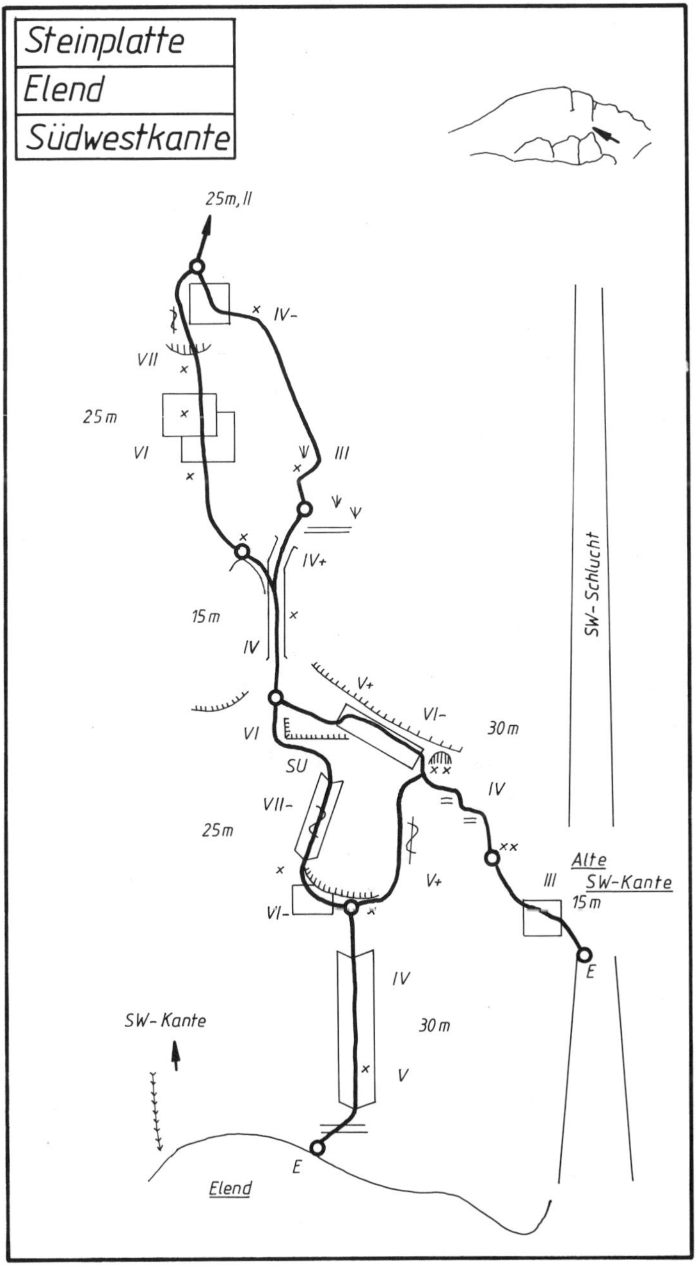
Steinplatte
Elend
Südwestkante
25m, II
IV-
VII
25m
VI
III
IV+
15m
IV
V+
VI-
30m
VI
SU
IV
VII-
25m
V+
VI-
III
Alte
SW-Kante
15m
E
SW-Schlucht
IV
30m
V
SW-Kante
E
Elend

35 Scheffauer (2111 m) Nordwand, „Ostlerführe“

Erstbegeher: J. Ostler, 1903.
Schwierigkeit: III (überwiegend) und leichter.
Charakter: Schöne, teilweise ausgesetzte Kletterei. Fels meist fest, durch unvermeidbare Schrofenpassagen und häufige Begehung Steinschlag jedoch nicht immer auszuschließen.
Wandhöhe: ca. 370 m, Kletterlänge: ca. 600 m, Zeit: ca. 3 Std.
Zustieg: Von Scheffau zum Hintersteiner See (P), 883 m. Über die Walleralm und das Hochegg gemütlich zur Kaindlhütte. Auf dem Widauersteig ins Kar „Großer Friedhof“ hinauf. Westl. des Steiges zieht ein Geröllrücken zum Wandfuß hinauf, der sich unmittelbar an diesem zu einer Art Mulde verbreitert. Diese wird von einer graustreifigen, überhängenden Wandstelle nach oben abgeschlossen. Unmittelbar westl. davon zieht eine schwach ausgeprägte Wandeinbuchtung hinauf. Hier E. Ca. 2½ Std.
Routenverlauf: In der Wandeinbuchtung empor zu einem kleinen Geröllkessel (30 m, III). Schräg links in einer schmalen Rinne auf ein breites Gras- und Schotterband empor. Das Band ca. 60 m nach links verfolgen (nicht weniger, Verhauermöglichkeit!) bis unter eine kurze, steile Schrofenrinne. (Sollten sich schon Seilschaften in der Wand befinden, so kann es u. U. sicherer sein, diese Stelle über den Widauersteig zu erreichen: Von dort, wo der Steig nach dem langen Rechtsquergang wieder nach links abbiegt, 50 m schräg ansteigend in die Ostlerführe queren.) Durch die erwähnte Rinne in einen großen, schnee- und geröllgefüllten Kessel, in den eine weitläufige Platte überhängend abbricht. An der westl. Begrenzungsrippe des Kessels bis zu einem waagrechten Absatz. Kurz geradeaus hinauf, dann linkshaltend kleingriffig empor (III) auf ein kurzes Geröllband und auf diesem nach rechts zur Kante. Rechts um diese herum und auf einem Grasband zu einer Ecke. Von hier aus auf einer schmalen Leiste (III, Köpflschlinge!) in eine überdachte Rinne und jenseits über eine ansteigende überdachte Rampe wieder heraus. Nun über Schrofen zum unteren Rand der großen Ostlerplatte. (Hier Fluchtmöglichkeit: Schräg links hinauf über Rinnen und Bänder zum Grat, I.) Am unteren Plattenrand rechts queren bis zu einer Steilrinne an deren W-Rand. Darin ca. 55 m empor, bis zum unteren von zwei schräg nach links hinaufziehenden Rißbändern. Über dieses 2 SL hinauf zum O-Rand der Ostlerplatte und an diesem schräg rechts

Die Scheffauer-Nordwand (O = Ostlerplatte, W = Widauersteig).

empor zu einem Band am oberen Plattenende. Über das Band, zuletzt kriechend, zu Stand unterm überhängenden Ende einer Steilrinne. Von rechts nach links über den Überhang (III, Schlüsselstelle) und die Steilrinne hinauf zum Grat.

Abstieg: Über den versicherten, markierten Widauersteig entweder nach N zum Wandfuß (ca. 1 Std.) oder nach S direkt zum Hintersteiner See (ca. 2½ Std.).

36 Totenkirchl (2193 m) Ostwand, „Leuchs-Schulze-Führe" mit Aschenbrenner-Ausstiegsvariante

Erstbegeher: G. Leuchs und A. Schulze, 1902, bzw. P. Aschenbrenner.
Schwierigkeit: III (überwiegend), teilweise leichter.
Charakter: Schöne, teilweise ausgesetzte Kletterei. Lang, mit relativ langen Zu- und Abstiegen, im Mittelteil manchmal nicht ganz einfach zu finden, deshalb insgesamt nicht zu unterschätzen!
Wandhöhe: ca. 420 m, Kletterlänge: ca. 650 m, Zeit: ca. 3 bis 4½ Std.
Zustieg: Von der Griesenau (Bundesstraße 176, Kössen – St. Johann in Tirol) zur Griesener Alm (P), 988 m. Auf dem Weg zum Stripsenjoch ins Wildanger-Kar. Dieses hinauf zur Schlucht, die das Totenkirchlmassiv von dem nordöstl. angelehnten Pfeiler trennt. Aus dieser Schlucht (nicht zu früh ausqueren!) über eine rinnenartige Rampe nach links hinauf zu Latschenplatz und so lange weiter, bis man in die Schlucht zwischen Fleischbank und Totenkirchl sieht. Unter Höhenverlust weiter bis in einen kleinen Geröllkessel. Nun grob erst südl. dann westl. hinauf über zwei Latschenabsätze (Steinmann) und schließlich durch einen markanten Riß ins Schneeloch-Kar (Stellen II, Begehungsspuren, Markierungsreste). Ca. 2 Std. Einstieg an der schwächsten Stelle der Wand, in der Einbuchtung rechts des hufeisenförmigen Ausbruchs.
Routenverlauf: Über die Randkluft (im Spätsommer oft schwierig) und leicht linkshaltend 15 m zum Beginn einer links aufwärts ziehenden Steilrinne im Wandwinkel. Stand. Durch die Steilrinne, dann über ihre linke Begrenzungswand hinauf (III, Haken), bis man in weniger steilem Gelände die lange Linksdiagonale einleiten kann. Diese quert zahlreiche Rinnen und Rippen und muß vollständig ausgeführt werden, bis man unter dem sog. Schichtenband ist (freie Sicht nach links auf Überhänge). Oft gerät man am Ende dieser Diagonale zu hoch, in ein kleines Schartl hinter einem Felszacken. Nicht etwa versuchen, direkt zum Schichtenband anzusteigen, sondern durch die kleine Rinne jenseits hinab, bis man in leichterem Gelände (III) bis in Fallinie des Beginns dieses Bandes queren kann. Über ein

Die Totenkirchl-Ostwand (S = Schichtenband).

S

gutgriffiges 10-m-Wandl auf das Schichtenband und dieses bis zu einer Unterbrechungsstelle verfolgen. Diese wird durch einen kurzen Kamin mit Klemmblock überwunden und der Schuttkessel am Beginn der Ausstiegsschlucht erreicht. In der Schlucht nur etwa 8 m empor, dann Quergang nach links zu einem Schartl hinaus zum Beginn einer 25-m-Verschneidung. Durch sie hinauf auf einen Grat und über diesen weiter. Am obersten Gipfelaufbau in eine Nische und aus dieser rechts heraus über Platten und dann Blöcke zum Hauptgipfel.
Abstieg: Über den „Führerweg“ zum Stripsenjoch (Stellen III–, deutliche Begehungsspuren, teilweise rot markiert): Aus der Scharte zwischen den beiden Gipfeln, den N-Gipfel westl. umgehend, auf die 3. Terrasse. Von ihrem N-Abbruch durch glatte Rinnen an die NW-Kante, dann kurz östl. (Biwakhöhle) und wieder nordwestl. zur 2. Terrasse hinab. Von ihren unteren Ende durch ein Rinnensystem fast bis in Höhe der 1. Terrasse hinab und Quergang nach O zum Führerwandl. Über dieses hinunter und über Bänder und Rinnen zur großen Rampe des Heroldweges hinunter queren. Ca. 1½ bis 2 Std.

Zu den nachfolgenden Abbildungen:
S. 101: Am Standplatz. Wildhauser Schafberg, Alpstein.

S. 102/103: „... was man von seinen Wegen an Erleben mit heimbringt.“ Der Guffert , Rofan, und die Halserspitze, Bayer. Voralpen.

S. 104: Frühling – Seilschaft im „Piazportal“, Großes Fieberhorn, Tennengebirge.

S. 105: Sommer – Plattenschleicher im „Mauerläufer“, Drusenfluh, Rätikon.

S. 106: Herbst – im „Elend“, Steinplatte, Chiemgauer Alpen.

S. 107: Winter – im „Kederbacherweg“, Watzmann-Ostwand.

S. 108/109: Der Mond geht, die Sonne kommt. Grubenkarpfeiler und Laliderer Spitze, Karwendel.

S. 110: Indischer Seiltrick. Häuslhorn-Südverschneidung, Berchtesgadener Alpen.

S. 111 oben: Gipfelglück. Roßstein, Bayer. Voralpen.

S. 111 unten: „Da Berg kennt koa Ei'seng ned.“ Wildhauser Schafberg.

S. 112/113: Die „Bleichen Berge“. Geierkopf, Ammergauer Alpen.

S. 114/115: Mensch und Berg. Abstieg vom Lehnenden Kopf, Tennengebirge. Im Hintergrund der Hochkönigstock.

S. 116: Abstieg. Maukspitze, Wilder Kaiser.

37 Kleine Halt (2119 m) Nordwestkante („Herzogkante“)

Erstbegeher: O. Herzog und H. Hämmel, 1912.
Schwierigkeit: IV+ (Stelle), meist III bis IV.
Charakter: Ausgezeichnete mittelschwere Kletterei, logische Linienführung, meist guter Fels. Nicht mit der berühmteren Herzogkante im Karwendel zu verwechseln. Etwas schwieriger und viel weniger begangen als der weitbekannte „Enzenspergerweg“ in der NW-Wand. Die Gesamtlänge darf wegen des langen, ziemlich alpinen Zustiegs über die Totensesselschlucht nicht unterschätzt werden. Am günstigsten ab Hochsommer; nur bei trockenen Verhältnissen.
Kletterlänge: ca. 500 m, plus 500 m Zustieg, Zeit: ca. 2 bis 4 Std. plus 2 Std. Wandvorbau (Totensesselschlucht).
Zustieg: Von der Griesener Alm (P, siehe Tour 36) auf das Stripsenjochhaus und jenseits hinab, bis in ca. 1480 m Höhe Steigspuren nach SW abzweigen, die, den Neustadler Graben querend, durch Latschen und zuletzt über Geröll bzw. Firn zum Fuß der Kleinen-Halt-O-Wand führen. Der Totensessel ist ein doppelter Felszacken im N-Grat des Berges, der von unten aus sichtbar ist. Die von ihm herabziehende Totensesselschlucht bricht hoch über dem Geröll in einen kleinen Kessel ab. Ca. 50 m nördl. dieses Abbruches, in Fallinie des Totensesselgipfels, steigt man ein (Begehungsspuren). Den Kessel erreicht man in einer doppelten Rechts-links-Schleife und verläßt ihn über eine Steilstufe (ca. 20 m, III) in die Totensesselschlucht. Diese empor bis sie sich wieder verengt, und man durch einen etwas schmierigen Felstunnel (Einstieg in diesen: links hinauf und nach rechts queren) eine Rinne gewinnt, die die Fortsetzung der Schlucht bildet und in die Totensesselscharte, 1710 m, führt.
Achtung: In der vielbegangenen Rinne erhebliche Steinschlaggefahr! Die Rinne pflegt bis in den Frühsommer (etwa Anfang Juli) hinein mehr oder weniger schneegefüllt zu sein, dann sind Steigeisen empfehlenswert, oder man muß in den Randfelsen klettern, was schwieriger sein kann. Insbesondere die Umgehung des Tunnels, wenn dieser schneeverstopft sein sollte, ist dann recht schwierig! Von der Scharte ca. 20 m westl. zu Latschen, dann immer leicht absteigend über gras- und latschenbewachsene Bänder die N-Flanke der Kleinen Halt queren. Dabei nicht zu hoch halten (Trittspuren, II)! Durch markante, plattige Rinnen zu breitem Absatz unter der N-Kante. Auf der rechten Seite der NW-Kante sieht man zwei

T
M

auffallende, plattige Verschneidungen; bei der rechten ist der Einstieg. Ca. 3½ Std.
Routenverlauf: Über eine Platte von rechts nach links in die Verschneidung (III+). Diese 40 m hinauf (IV, Stelle IV+, dann leichter) direkt an die Kante und weiter in eine Scharte. Ca. 8 m hoch und in einem grasigen Riß weiter, bis man nach links (H) in einen anderen Riß queren kann; in diesem noch ca. 10 m hoch auf einen Absatz. Nun nicht der Verschneidung nach, sondern an deren linker Begrenzungskante zu einem Felszacken. Weitere 35 m hinauf zu einem Band mit Felsenfenster (IV, III). Durch das Fenster, nach links in eine Rinne und an deren linker Seite empor. Nun leicht rechts der immer schwächer ausgeprägten Kante empor (III), wobei ein abdrängender Felsriegel an seiner einzigen schwachen Stelle rechts umgangen wird (III+). Man kann ihn auch direkt, immer entlang der Kante überklettern (IV). Ende der Hauptschwierigkeiten. Weiter immer leicht rechts haltend zum Grat und über diesen zum Gipfel.
Abstieg: Vom Gipfel unterhalb des Grates nach S, bis eine auffallende Rinne nach W zieht. Durch sie hinab (Spuren, Mark.) bis zu einer auffälligen grasbewachsenen Felskuppe. Nun immer links auf Steigspuren über kurze Wandstellen in den Scharlinger Boden und ins Kaisertal hinab. Ca. 3 Std. 600 m Gegenanstieg zum Stripsenjoch.
Weitere Routen: Gleich neben dieser Route verläuft der etwas leichtere „Enzenspergerweg“ (III+), eine der meistbegangenen Klettertouren im Kaiser. Kaum schwieriger, aber ebenfalls sehr schön ist das Ostwandband (IV–).

Kleine-Halt-Nordwestkante, Zustieg (T = Totensessel).

38 Westl. Hochgrubachspitze (2277 m) Südostkante

Erstbegeher: G. Hochfilzer, H. Lackner, O. und L. Zimmeter, 1923.
Schwierigkeit: III+ (Stelle), sonst II und III.
Charakter: Schöne Kletterei an festem, wenn auch stellenweise grasdurchsetztem Fels.
Wandhöhe: ca. 250 m, Kletterlänge: ca. 400 m, Zeit: ca. 2½ Std.
Zustieg: wie bei Tour 41 und weiter zur Schlucht zwischen den beiden Hochgrubachspitzen.
Routenverlauf: Den ersten Kantenaufschwung rechts umgehend hinauf zu einer grasdurchsetzten Plattenwand (II, III). Nach links über diese (III) und einen markanten, ebenfalls grasigen Riß (III) empor. Noch 1 SL im Riß (III+), eine abdrängende Stelle rechts umgehend, zu Stand an der Kante. Über diese 3 SL hinauf, abermals mit einer Rechtsumgehung, bis zu einem grasigen Absatz. Von ihm aus nicht rechts aufwärts über Gras, sondern eine Seillänge nach links hinauf zum Grat. (Hier vereinigt sich dieser mit dem SW-Grat.) Noch 2½ SL über die Gratkante (Stelle III) zum Gipfel.
Abstieg: wie Tour 41.

Die Hochgrubachspitze von Südosten.

39 Sonneck (2261 m) Südwand

Erstbegeher: G. v. Kraus und F. Sitte, 1927.
Schwierigkeit: V/A0 (10 m), sonst III bis IV.
Charakter: Sehr schöne Kletterei in festem, kompaktem Fels. Für Kaiserverhältnisse einsames Ambiente. Auch früh oder spät im Jahr günstig.
Wandhöhe: ca. 350 m, Kletterlänge: ca. 270 m (Schrofenvorbau; kann u. U. bis auf eine Stelle seilfrei begangen werden). Zeit: ca. 3 Std.
Zustieg: Von der Scheffau zum Jagerwirt (P), 910 m. Über die Wegscheid-Nieder- und die Wegscheid-Hochalm Richtung Treffauer bzw. Schneekar. An der Latschengrenze den Steig verlassen und weglos zum Wandfuß. Der Schrofenvorbau wird ganz leicht rechts der Gipfelfallinie angegangen und fast in gerader Linie durchstiegen (II, III–). Man zielt dabei auf eine auffallende, glatte, von einem Riß durchzogene Platte ebenfalls in Gipfelfallinie, links der großen Schutterrasse im rechten Wandteil. Einstieg am oberen Ende der Platte. Ca. 2 Std.
Abstieg: Auf Steig (alte Versicherungen) nach W zur Kopfkraxen hinüber und nach SW zur Kaiser-Hochalm hinab. Über Kaiseralm und Wegscheid-Niederalm zum Jagerwirt zurück.

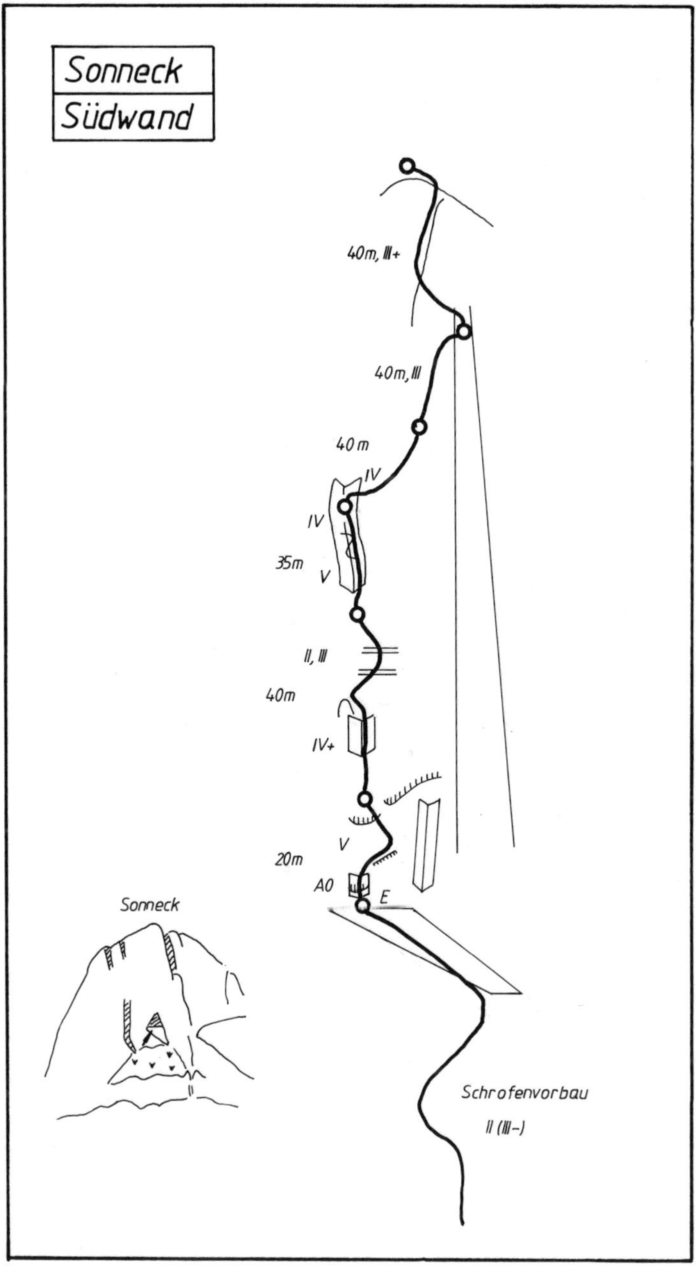
Sonneck
Südwand
40m, III+
40m, III
40 m
IV
IV
35m
V
II, III
40m
IV+
V
20m
A0
E
Sonneck
Schrofenvorbau
II (III–)

40 Predigtstuhl, Nordgipfel (2115 m) Direkte Ostwand

Erstbegeher: F. Schmitt und G. Mitterer, 1926.
Schwierigkeit: V (Stellen), anhaltend IV bis V–.
Charakter: Schöne Riß- und Kaminkletterei in festem, rauhem, kompaktem Fels und in einsamer Umgebung.
Wandhöhe: ca. 400 m vom Band bis zum Grat, Kletterlänge: ca. 650 m einschließlich des Schrofenvorbaus und des Grates bis zum Gipfel. Zeit: Wand ca. 3 Std., Vorbau und Grat je ca. ½ Std.
Zustieg: Von der Griesener Alm (siehe Tour 36) auf dem Weg Richtung Stripsenjochhaus bis unter die Steinerne Rinne. Bei den Gedenktafeln nach links abzweigen und wie in der Skizze dargestellt auf den „Latschenkegel" am Fuße der Wand und von dessen Spitze über den Schrofenvorbau (II–III, fester Fels) auf das Einstiegsband. Ca. 2¼ Std. Dieses kann man auch querend von der Predigtstuhl-Nordkante her erreichen.
Abstieg: Von der Gratscharte in die Westseite queren, über das Oppelband (IV–, Speck laß nach!) Richtung Steinerne Rinne kriechen und unmittelbar danach noch eine weitere Seillänge (IV) gerade hinauf zum Gipfel. Von diesem nach S hinab und durch einen engen Durchschlupf in den Botzongkamin. Hier führt die Abseilpiste (einzementierte Ringe; ein Seil reicht) in die Steinerne Rinne hinab. Ca. 2 Std.

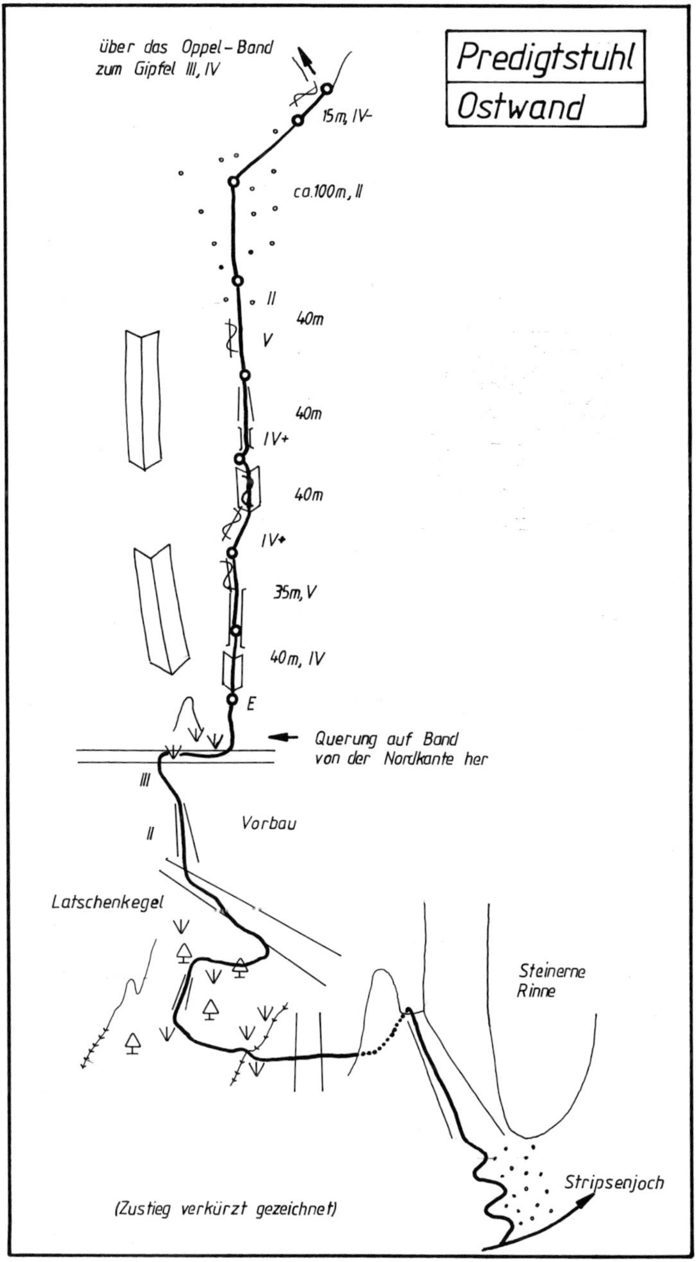
Predigtstuhl
Ostwand
über das Oppel-Band
zum Gipfel III, IV
15m, IV-
ca.100m, II
II
40m
V
40m
IV+
40m
IV+
35m, V
40m, IV
E
Querung auf Band
von der Nordkante her
III
II
Vorbau
Latschenkegel
Steinerne
Rinne
Stripsenjoch
(Zustieg verkürzt gezeichnet)

41 Westl. Hochgrubachspitze (2277 m) Neue Südwand

Erstbegeher: M. Kramheller und H. Schmidt, 1953.
Schwierigkeit: VI+ (2 Stellen, auch A0 möglich), meist V+.
Charakter: Traumhaft schöne Riß- und Plattenkletterei! Im Spätherbst noch ideal; auch im Frühjahr günstig.
Wandhöhe: ca. 220 m plus Schrofenvorbau, Kletterlänge: ca. 320 m ohne diesen (Quergänge), Zeit: ca. 4–5 Std.
Zustieg: Von Going nach Aschau (P), 800 m. Auf Forststraße zur Graspoint-Niederalm, dann auf Fußweg weiter zur Ackerlhütte, 1456 m (Selbstversorgerhütte, AV-Schlüssel). Über den Rücken hinauf und nach links, bald vom Weg zur Gruttenhütte abzweigend, auf den Steig zum Schönwetterfensterl. Vor Erreichen der Felsen schräg nach rechts ansteigend über ein Grasschrofenband, durch eine Rinne auf ein weiteres solches und weiter ansteigend unter die plattige Wand. Einstieg unweit links des von der rechten Kante herabziehenden Verschneidungssystems. Ca. 2¼ Std.
Abstieg: Nach W zum Schönwetterfensterl und weiter die nach S ziehende Rinne hinab, über eine Rampe in die rechte Nachbarrinne und hinunter ins Hochgrubachkar. Ca. ½ Std., bezeichnet.
Weitere Routen: Die Alte Südwand ist auch schön und weniger begangen als die Neue.

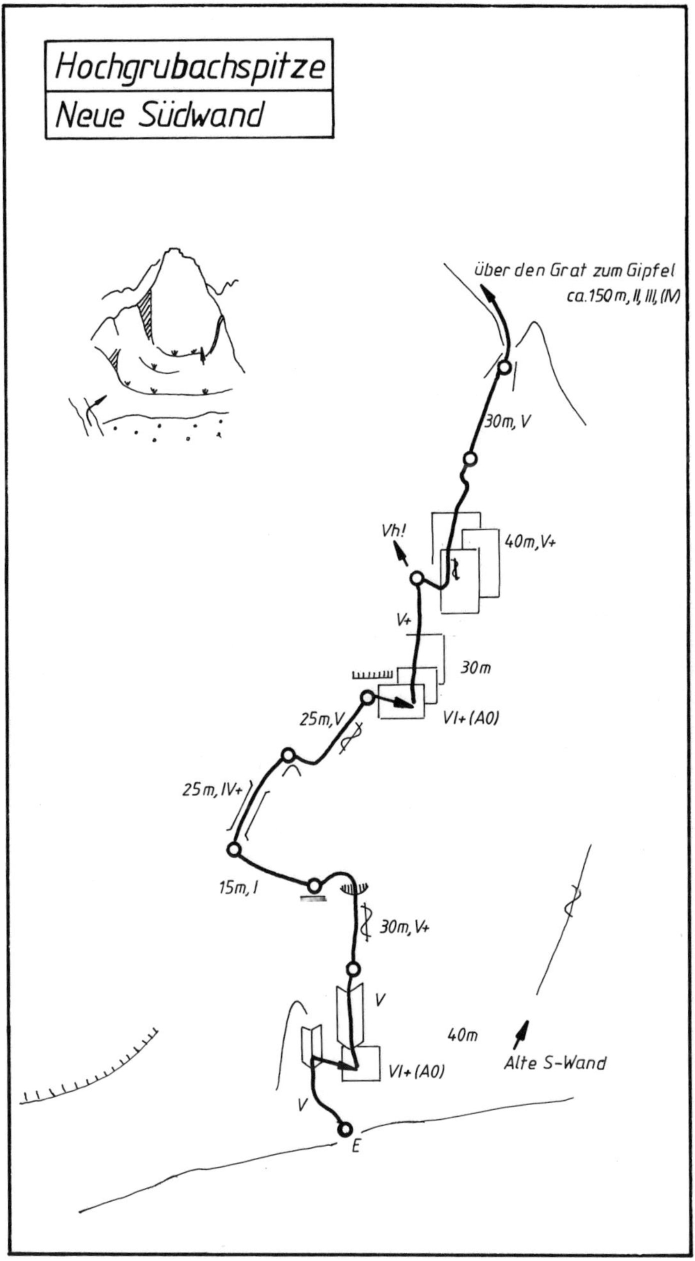
Hochgrubachspitze
Neue Südwand
über den Grat zum Gipfel
ca.150 m, II, III, (IV)
30m, V
Vh!
40m, V+
V+
30m
VI+ (A0)
25m, V
25 m, IV+
15m, I
30m, V+
V
40m
Alte S-Wand
VI+ (A0)
V
E

42 Mitterkaiser-Nordgipfel (1915 m) Ostpfeilerriß

Erstbegeher: L. Jöchl und H. Schneider, 1959, Ausstiegsrisse: S. Thaller und R. Stumhofer, 1977.
Schwierigkeit: VI– (Stellen), anhaltend IV+ bis V+.
Charakter: Wirklich schöne Kletterei, meist Risse. Die Erstbegeher der Ausstiegsrisse verwendeten nur Klemmkeile zur Zwischensicherung, weswegen die Tour in der 10. Auflage des AV-Führers in einem Atemzug mit den „Pumprissen“ genannt wird. Man braucht sich davon jedoch nicht abschrecken zu lassen!
Wandhöhe: ca. 400 m bis zum Grat, Zeit ca. 4–6 Std. plus 1 Std. für den Grat bis zum Hauptgipfel.
Zustieg: Von der Griesenau (siehe Tour 36) auf Mautstraße zur Fischbachalm (P), 855 m. Von der Latschenölbrennerei auf Steig ins Östliche Griesener Kar hinauf und ungefähr beim Schriftzug „1421“ der AV-Karte durch den Latschengürtel zur Wand. Einstieg knapp rechts der Fallinie der markanten Ostverschneidung, in einer kleinen Gufel, rechts zweier schmaler Latschenstreifen, an der einzigen Schwachstelle der überhängenden Wand. Ca. 1½ Std.
Abstieg: Zunächst weiter über den Grat zum Gipfelaufbau. Diesen erreicht man über eine plattige Rippe links eines Kamins (III–). Weiterweg zum Hauptgipfel (meist I bis II): Eine Rinne 20 m nach S hinab (III–) und nach S zum Grat queren. Zunächst auf dessen West-, dann auf der Kante und schließlich auf der Ostseite zur Scharte zwischen Nord- und Hauptgipfel. Auf einem Band an der Ostseite zu einer weiteren Scharte, von ihr westl. in eine Geröllrinne hinab, aber schon nach 15 m südl. zu einem mächtigen Klemmblock hinausqueren. Über diesen (III–) hinauf und weiter durch ein Felsenfenster zum Grat und weiter zum Hauptgipfel. Auf dem Grat weiter zum S-Gipfel und auf Steigspuren durch die SW-Flanke zur Fritz-Pflaum-Hütte. Ca. 1½ Std. Durch das östl. Griesener Kar zum Wandfuß.
Weitere Routen: Die Mitterkaiser-Ostwand zählt zu den nicht überlaufenen Klettergebieten des Kaisers, z.B. die Zentrale Ostwand (VI–/A1) oder die Originalvariante der Ostverschneidung (VI–).

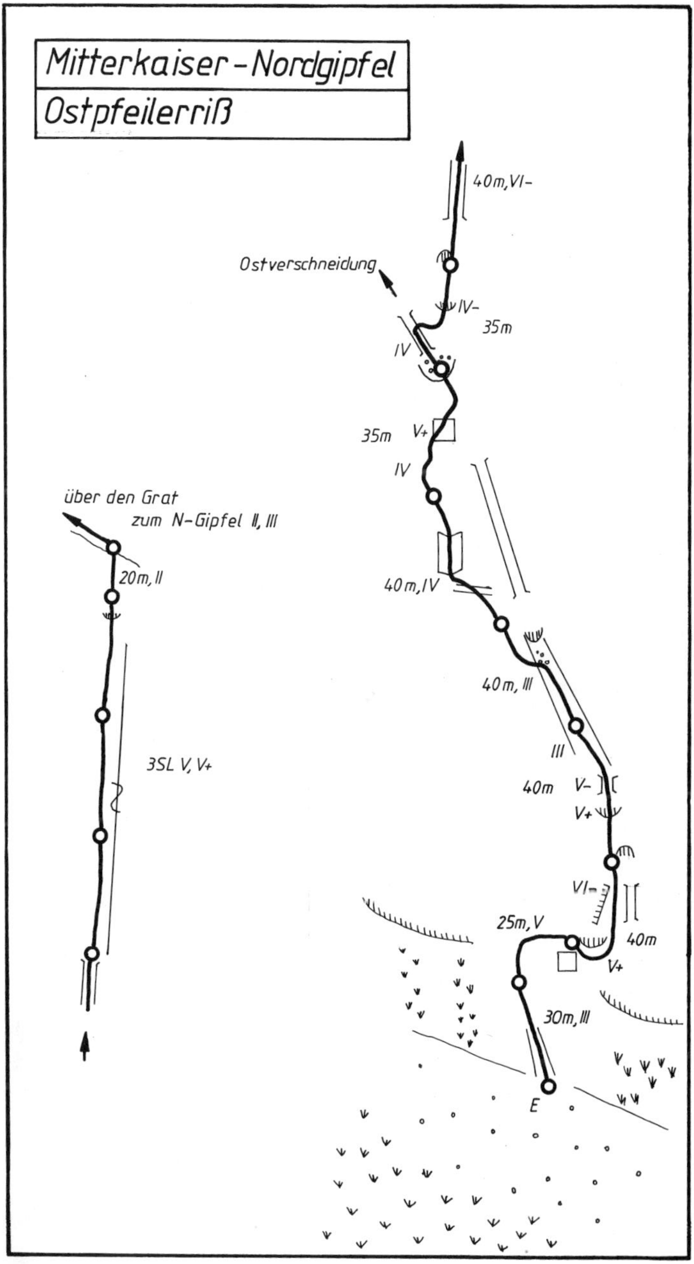
Mitterkaiser-Nordgipfel
Ostpfeilerriß
40m, VI-
Ostverschneidung
IV-
35m
IV
35m
V+
IV
über den Grat
zum N-Gipfel II, III
20m, II
40m, IV
40m, III
III
3SL V, V+
40m
V-
V+
VI-
25m, V
40m
V+
30m, III
E

43 Fleischbankpfeiler (Fleischbank-Nordgratturm, 1749 m) Nordostwand, „Stumhofer-Thaller“

Erstbegeher: S. Thaller und R. Stumhofer, 1975.
Schwierigkeit: VI– (Stellen), anhaltend V, A1 (mehrere Passagen).
Charakter: Schöne Klettertour mit kurzem, bequemem Zustieg. Relativ schnell trocken. Rückzug problematisch, da Überhänge und Quergänge.
Wandhöhe: ca. 250 m, Kletterlänge: ca. 350 m, Zeit ca. 5–6 Std.
Zustieg: Von der Griesener Alm (P, siehe Tour 36) auf dem Weg Richtung Stripsenjoch und, von diesem abzweigend, auf den Eggersteig. Bei einer auffallenden, glatten Platte über grasdurchsetzten Fels 50 m hinauf zum Einstiegskamin. Ca. 1 Std.
Abstieg: Nach W zu den deutlichen Steigspuren des Fleischbank-Nordgrates hinab. Diesen folgend die unterste Steilstufe des Grates (Stellen III) hinab und bei einer Gedenktafel nach links in die Schichtrinne (II), die man bis ins Wildangerkar verfolgt. Ca. 1 Std.
Weitere Routen: Der NO-Riß (V+/A1) etwas weiter rechts und die schwierigen Risse an der SO-Seite des Fleischbankpfeilers („Rebitschrisse“, VI, „Pumprisse“, VII).

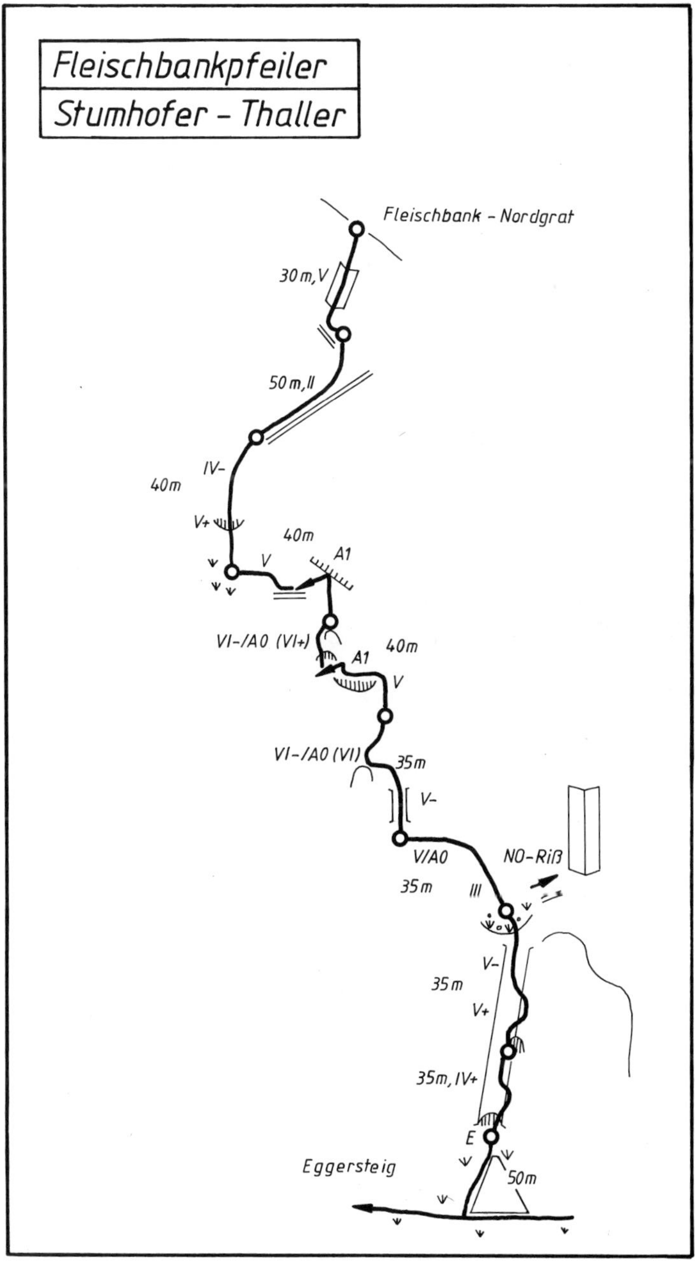
Fleischbankpfeiler
Stumhofer - Thaller
Fleischbank - Nordgrat
30 m, V
50 m, II
IV-
40m
V+
40m
A1
V
VI-/A0 (VI+)
40m
A1
V
VI-/A0 (VI)
35m
V-
V/A0
35m
III
NO-Riß
V-
35m
V+
35m, IV+
E
Eggersteig
50m

44 Maukspitze (2231 m) „Spenglerkamin“

Erstbegeher: P. Fankhauser und E. Minarek (beide waren Spengler), 1930.
Schwierigkeit: VI– (Stellen), meist IV bis V+, A0 (Stelle). Frei VII.
Charakter: Bis auf die ersten SL schöne, stellenweise großartige Kaminkletterei, aber bis in den Hochsommer hinein feucht, nur nach längeren Trockenperioden begehbar.
Wandhöhe: ca. 450 m, Zeit: ca. 4–5 Std.
Zustieg: Wie bei Tour 41 zur Graspoint-Hochalm und gerade ins Östliche Hochgrubachkar hinauf. Schon von weitem fällt der von der Flachschneide herabziehende Riesenkamin auf. Einstieg an der schwachen Stelle rechts seiner Fallinie. Ca. 2 Std. Man kann den weniger genußvollen unteren Teil der Route auch auslassen und von der Ackerlhütte auf dem Normalweg zur Ackerlspitze ins Niedersesselkar steigen, und von dessen östl. Ende auf einem Gras- und Schrofenband zum Beginn des großen Kamins hineinqueren.
Abstieg: Vom Ausstieg auf der Flachschneide auf dem Maukspitz-Normalweg die Rampe ins Niedersesselkar hinab und zum Wandfuß zurück.
Weitere Routen: Schöne Klassiker sind die Buhlroute an der Westwand (VI/A0) und die Göttnerroute an der oberen Südwand (V+/A0), ein moderner Klassiker ist der „Pantherschreck“ (VII/A0, frei VIII).

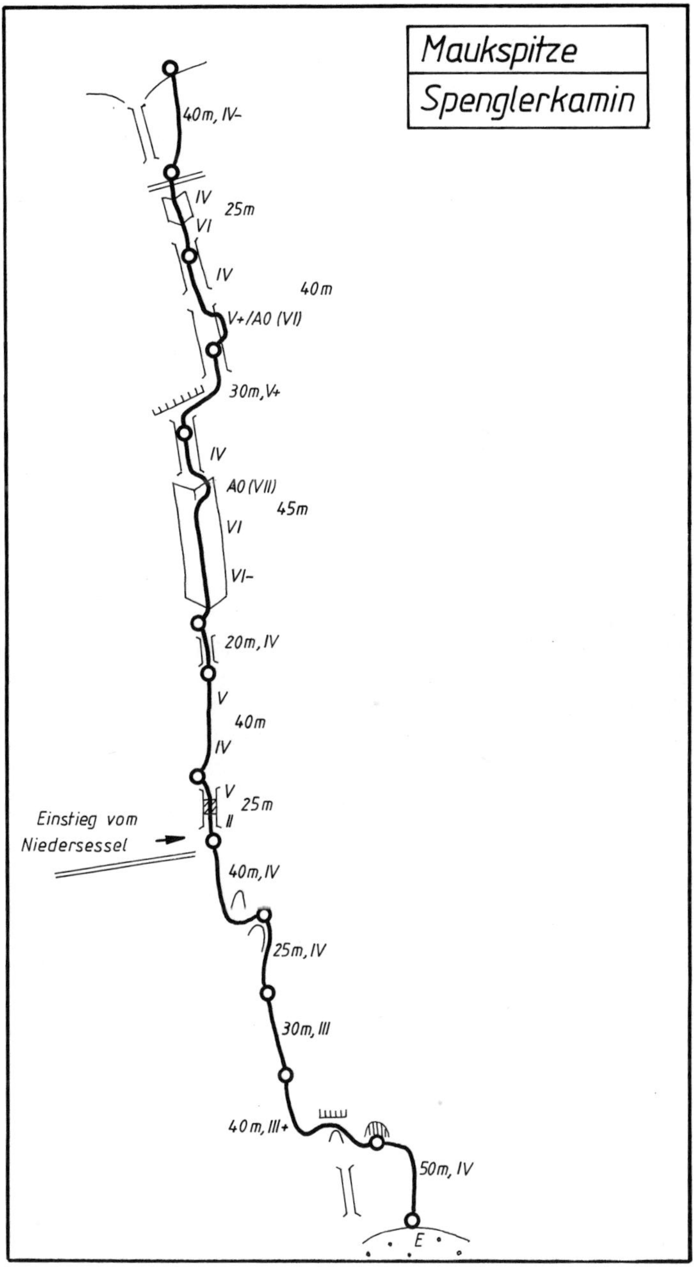
Maukspitze
Spenglerkamin
40m, IV-
IV
25m
VI
IV
40m
V+/A0 (VI)
30m, V+
IV
A0 (VII)
45m
VI
VI-
20m, IV
V
40m
IV
V
25m
II
Einstieg vom
Niedersessel
40m, IV
25m, IV
30m, III
40m, III+
50m, IV
E

45 Predigtstuhl, Nordgipfel (2039 m) Nordostpfeiler

Erstbegeher: E. Stiebritz, B. Martin und H. Mittermaier, 1967.
Schwierigkeit: VI– (Stellen), sonst leichter, A1 (längere Passagen). Frei VII+.
Charakter: Empfehlenswerte Klettertour in rauhem Fels und in einsamer Umgebung; kommt in der 10. Auflage des AV-Führers eindeutig zu schlecht weg. Aufgrund der vielen Haken kann je nach persönlicher Leistung mehr oder weniger frei probiert werden.
Wandhöhe: ca. 250 m, Kletterlänge: ca. 450 m. Zeit ca. 5 bis 7 Std. bis zur N-Schulter plus 1/2 Std. Weiterweg zum Gipfel.
Zustieg: Wie bei Tour 40 auf den Latschenkegel am Wandfuß. In Fallinie der Pfeilerkante durch ein System von Rinnen auf das große Band unterm Einstieg empor (200 m, II bis IV, Stelle V). Andere Möglichkeit: Wie bei Tour 40 aufs Band und über dieses zum Einstieg wenig links der Pfeilerkante. Ca. 2¼ Std.
Routenverlauf: 1. SL: Anfangs einige Meter rechts eines Risses hinauf, dann unter einem kleinen Wulst (V+) wieder nach links in den Riß, links von ihm hinauf (V+) und nach rechts in den Riß zurück und über ein Dach, weiter im Riß empor zu Bohrhakenstand in einer Verschneidung. 2. SL: Den Haken folgend, hinauf zu Bohrhakenstand (30 m, A1). 3. SL: Durch den rechten Riß 3 m hinauf, über einen Wulst und dann Quergang nach links in eine Verschneidung, die man bis zu ihrem Ende verfolgt; links davon guter Stand (V+, VI–, A1). 4. SL: Durch einen Riß (Sanduhren) empor zu Stand auf einem Köpfl (40 m, V). 5. SL: Quergang 20 m nach links, an einem schwarzen, länglichen Loch vorbei, zu einem markanten Pfeiler mit Rissen; im rechten Riß empor zu Stand (40 m, V+, V). 6. SL: Weiter 10 m gerade hinauf, dann 5 m durch einen Riß und rechts hinaus, weiter 5 m empor, dann links ansteigend zu großem Schrofenabsatz (V). 7. SL: Es folgt nun eine senkrechte, feste Schrofenwand; auf einen großen Block, dann an die Wand, links durch Risse und wieder rechts haltend über eine gelbe Wand zu Stand (V). 8. SL: Gerade hinauf über Graspolster und eine glatte Platte (IV, V) und rechts haltend zur Scharte der Nordkante (40 m). Weiter wie bei Tour 40 zum Gipfel.
Abstieg: wie bei Tour 40.

Predigtstuhl von NO. Links: Direkte Ostwand (Tour 40), rechts Nordostpfeiler (Tour 45).

46 Waxensteiner Turm (2086 m) Südkante

Erstbegeher: M. Kramheller und H. Schmid, 1952.
Schwierigkeit: VI+ und A0, außer dem Vorbau durchgehend schwierig. Frei VII.
Charakter: Schwere, schöne Platten- und Rißkletterei, auch frühjahrs- und spätherbsttauglich. Die Angaben aus der 10. Auflage des AV-Führers sind überholt.
Wandhöhe: 250 m, davon 80 m Schrofenvorbau, Zeit: ca. 5 Std.
Zustieg: Wie bei Tour 41 zur Ackerlhütte und weiter über den Rücken, aber nach rechts Richtung Ackerl- und Maukspitze. Der Weg führt direkt am Fuß des Waxensteiner Turmes (auf der AV-Karte nur als P. 2086 eingetragen) vorbei. Ca. 2¼ Std.
Abstieg: Über den schrofigen Gipfelgrat ins Hochsesselkar und auf dem Ackerlspitz-Normalweg wieder zum Wandfuß hinunter (ca. ½ Std.).
Weitere Routen: Die Göttner-Route in der Südwand (V+) als leichtere und speckigere Alternative und der schöne, schwierige Rechte Riß (Schrank u. Gef., VI+).

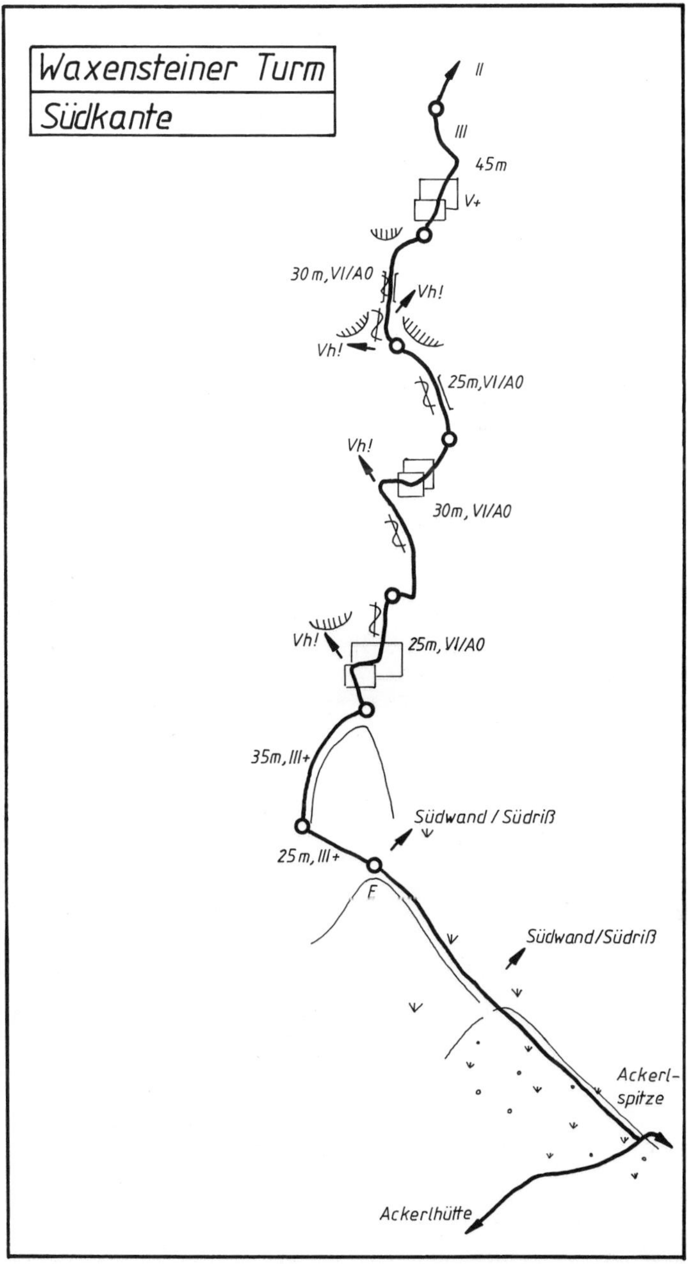

Waxensteiner Turm
Südkante
II
III
45m
V+
30 m, VI/A0
Vh!
Vh!
25m,VI/A0
Vh!
30m, VI/A0
Vh!
25m, VI/A0
35m, III+
Südwand / Südriß
25 m, III+
F
Südwand/Südriß
Ackerl-
spitze
Ackerlhütte

Das Karwendelgebirge

genießt unter Kletterern ob seiner Felsqualität nicht den allerbesten Ruf. Unberechtigt ist dieser sicher nicht. Trotzdem gibt es auch im Karwendel Klettergebiete, deren Fels vielleicht nicht besser, aber auch nicht schlechter ist als der anderer Regionen. Solche Routen finden sich z. B. um das Lafatscher Joch oder im Bereich des Dammkares. Insgesamt aber zeigen die meisten Karwendelrouten doch eher „alpinen" als „sportlichen" Charakter, und damit scheint ihr

„Schicksal besiegelt“ – sie fallen immer mehr der Vereinsamung anheim. Kenner bestätigen wiederholt, daß z. B. die meisten Laliderer Touren, außer der Schmid-Krebs in den letzten Jahren immer weniger begangen werden.

Dabei hat das Klettern gerade im Karwendel immer wieder Maßstäbe gesetzt, wie man sie hier eigentlich gar nicht erwarten würde: Schon 1902 wurde hier der untere V. Grad erreicht, früher als in den meisten

Am Fuß des Karwendels: Buckelwiesen zwischen Klais und Mittenwald, darüber Soiernspitze und Wörner.

anderen Gebieten der Alpen. Es war dies bei der Begehung des „Schiefen Risses“ an der Spritzkarspitze-Nordwand durch die beiden Maler Adalbert Holzer und Otto Bauriedl. Und auch eine der ersten Sechsertouren der Alpen, die 1921 begangene Ha-He-Verschneidung an der Dreizinkenspitze liegt im Karwendel.
Otto Herzog und Dr. Gustav Haber hießen die Erstbegeher, daher der Name. So verrufen war diese Tour, an der die Wiederholungsversuche der damals besten Seilschaften gescheitert waren, daß sie ihre Zweitbegehung erst 30 Jahre später erhielt. Die Wiederholer staunten über die extreme Schwierigkeit der Schlüsselstelle, die kaum mehr in den Sechserbereich hineinpaßte. Sie sprachen mit Otto Herzog, der damals immer noch schwer kletterte, und erfuhren, daß dieser die Stelle mittels Seilwurf nach einem entfernten Köpfl bewältigt hatte...
Otto Herzog war einer, der in kein Schema paßte: Als Bub träumte er Indianerträume, bis er seine Jagdgründe im Gebirge, vor allem im Karwendel fand. Er nannte sich „Rambo, Herzog von Ladiz“, nach der Alm, auf der er oft hauste. Er kam aus der Turnerbewegung und wurde im Ersten Weltkrieg dekoriert, und er war dennoch sozialistisch oder anarchistisch eingestellt. In der Jugend einer der stärksten Kletterer seiner Zeit, gelangen ihm mit 74 Jahren noch Erstbegehungen. Seine Geschwister waren übrigens nicht weniger bergtüchtig: 1911 erkletterten Otto, Christian und Paula Herzog die berühmte Lalidererkante, heute eine der beliebtesten „Mittelschweren“, sozusagen als Familientour ...
Die „traditionellen“ Klettergebiete an den Laliderer Wänden, am Sonnjoch und um das Lafatscher Joch blieben bis Ende der 70er Jahre hinein Mittelpunkte der Neutourensuche. Extreme Freiklettereien wurden in jüngerer Zeit z. B. an den Schnitlwänden der Speckkarspitze begangen. Doch bedingt durch die Eigenheiten des Karwendels ging die Leistungsentwicklung hier einen etwas anderen Weg: Schon 1980, als das Wort „enchaînement“ noch nicht so geläufig war, durchstiegen die Tiroler Heeresbergführer Franz Oppurg und Arno Gasteiger die Lalidererverschneidung und die Auckenthalerroute am gleichen Tag (ohne sich vom Hubschrauber zum Einstieg fliegen zu lassen). Und 1990 kletterten Heinz Zak und Peter Gschwendtner drei dieser 800-m-Wände, nämlich die „Charly Chaplin“, die Verschneidung und die Schmid-Krebs an einem Tag. Für den Abstieg durch die Spindlerschlucht benötigten sie jeweils eine halbe Stunde ...

47 Hohe Warte (2596 m) Südgrat

Erstbegeher: F. Rabl, O. Sehrig und P. Waitz, 1902.
Schwierigkeit: IV (zwei Passagen), meist II, Stellen III.
Charakter: Landschaftlich besonders schöne Tour von wenig anhaltender Schwierigkeit. Meist fester Fels, relativ oft begangen.
Grathöhe: ca. 400 m, Zeit: ca. 2 Std.
Zustieg: Von Innsbruck-Hungerburg oder Hötting zum Gramartboden (P), 862 m hinauf (zwei Wirtshäuser). Weiter über die Wallfahrtskapelle „Höttinger Bild“ und das Wirtshaus Rauschbrunnen (Hinweise) zur Aspachhütte (keine Unterkunft) und weiter nördl. empor (Gedenktafel bei der Wegabbiegung) über den begrünten Rücken bis an den untersten Felsabsatz des Grates. Ca. 4 Stunden.
Routenverlauf: Zunächst rechts haltend über plattigen Fels und über eine kurze senkrechte Wandstufe (IV) in leichteres, grasdurchsetztes Gelände. An der Gratkante entlang über mehrere kleine Aufschwünge bis zur zweiten Steilstufe. Diese wird auf der westl. Seite der Kante erklettert (20 m, IV). Danach immer über den Grat oder leicht auf seiner W-Seite bis zum Gipfel.
Abstieg: Nach W in den Gamswartsattel und dann nach S in die Höttinger Flecke hinab, dann südöstl. querend zum Gedenkstein zurück (Steigspuren, schwache Mark.). Ca. 1½ Std.

48 Spritzkarspitze (2605 m) Gerade Nordwestwand

Erstbegeher: H. Peterka und W. End, 1949.
Schwierigkeit: IV (mehrere Passagen im oberen Teil), sonst III.
Charakter: Alpine Kletterei. Relativ fester Fels, vor allem im Mittelteil.
Wandhöhe: ca. 750 m, Zeit: ca. 4 Std.
Zustieg: Von Hinterriß in die Eng (P), 1218 m. Nun nicht schräg rechts hinauf zum Hohljoch, sondern geradeaus dem Bach folgend in den Enger Grund und in einer weiten Schleife auf die mächtige Schrofenrampe, die nach links in die NW-Wand emporzieht, bis zum Pfeiler, der rechts der Gipfelfallinie in der Rampe fußt. Ca. 1¼ Std.
Routenverlauf: Über Gras und Schrofen die Pfeilerkante empor (II), dann durch einen schräg nach links aufwärts ziehenden Kamin (III). Die nächste Steilstufe umgeht man auf einem Grasband nach links (II). Gerade hinauf zu einem Absatz (Steinmann), dann rechts haltend auf einen zweiten Absatz (Steinmann, II und III). Über die Pfeilerkante zu einem gelben Bandl hinauf, darunter rechts Quergang (Haken) und durch den mittleren von drei dicht nebeneinanderliegenden Rissen hinauf (III+). Dann nach links in eine helle Plattenrinne und durch diese auf einen weiteren Absatz (II, Steinmann). Nach links in eine Rinne hinein und diese hinauf. Wo sie senkrecht wird, auf schmalem Band nach links an die Kante (nicht zu hoch in der Rinne: Verhauerhaken!) und weiter links ansteigend bis unter eine große Wandeinbuchtung (III). Ein weiterer Linksquergang führt in eine gutgriffige, breite Rinne, die anfangs bequem, dann steiler hinaufführt (II, IV). Die Steilheit zwingt bald zum Ausweichen nach links. Nach zwei senkrechten Wandstellen (IV, Haken) steht man am Beginn des Kamins, der in 2 SL zum Ausstieg knapp rechts des Gipfels führt (IV–).
Abstieg: Über den N-Grat hinab bis zum mächtigen Gerölltrichter, in dem der „Schiefe Riß" auf den Grat mündet (ab dem nördl. Vorgipfel Stelle III, sonst II). Hier scharf nach rechts hinab ins Eiskarl. Über Geröll bis an den Rand des östl. Wandabsturzes hinunter und um den die beiden Arme des Eiskarls trennenden Gratausläufer ins östliche Eiskarl. Dieses wird über den Abbrüchen gequert. Unterhalb des N-Grates der Eiskarlspitze in kleinen Kehren immer rechts haltend über den plattigen Steilabbruch hinab (II, H) in Richtung Hochglückkar. In der Latschenzone noch ein Stück leicht links hinunter, bis man scharf links zum Felsblock des „Kirchls" und weiter zur Eng absteigen kann. Ca. 3½ bis 4 Std.

49 Gerberkreuz, Südwestlicher Vorgipfel (ca. 2200 m) Südpfeiler („Gerberpfeiler")

Erstbegeher: unbekannt.
Schwierigkeit: V bis V+ (oft), A0 (Stelle). Frei VI.
Charakter: Bis zum Pfeilerkopf nette, kurze Kletterei in festem Fels. Sehr früh im Jahr begehbar, vorausgesetzt, der Zustieg ist möglich. Man kann an den hier beschriebenen Pfeiler noch den SW-Grat anhängen, der bis zum Gipfel selbst führt und im weiteren vorwiegend leichtes Schrofengelände bietet.
Kletterlänge: ca. 150 m, Zeit: ca. 2½ bis 3 Std. Bis zum Gipfel selbst nochmals ca. 2 Std.
Zustieg: Von der Mittenwalder Dammkarbahn, ca. 1000 m, (P) auf Steig zur Mittenwalder Hütte, 1513 m, und weiter auf Steig, die Hänge und Rinnen südl. querend zum Lindlahnerkopf (Lindlainkopf, 1795 m). Nun durch eine Schrofenrinne östl. hinauf bis auf eine begrünte Terrasse. Den vielbegangenen SW-Grat links liegenlassend nach SO, wo die ausgeprägte Pfeilerkante in die tiefe Lindlahnschlucht abbricht.
Abstieg: Über den unteren Teil des SW-Grates klettert oder seilt man (Stelle IV, z. T. DAV-Haken, deutliche Spuren) bis in die Nähe des Einstiegs ab (ca. ¾ Std.).
Weitere Routen: An den SW-Abstürzen des Gerberkreuzes wurden in letzter Zeit eine Anzahl Bohrhakentouren von recht gesuchter Linienführung eröffnet. Wer's mag, findet Informationen dazu im Hüttenbuch der Mittenwalder Hütte.

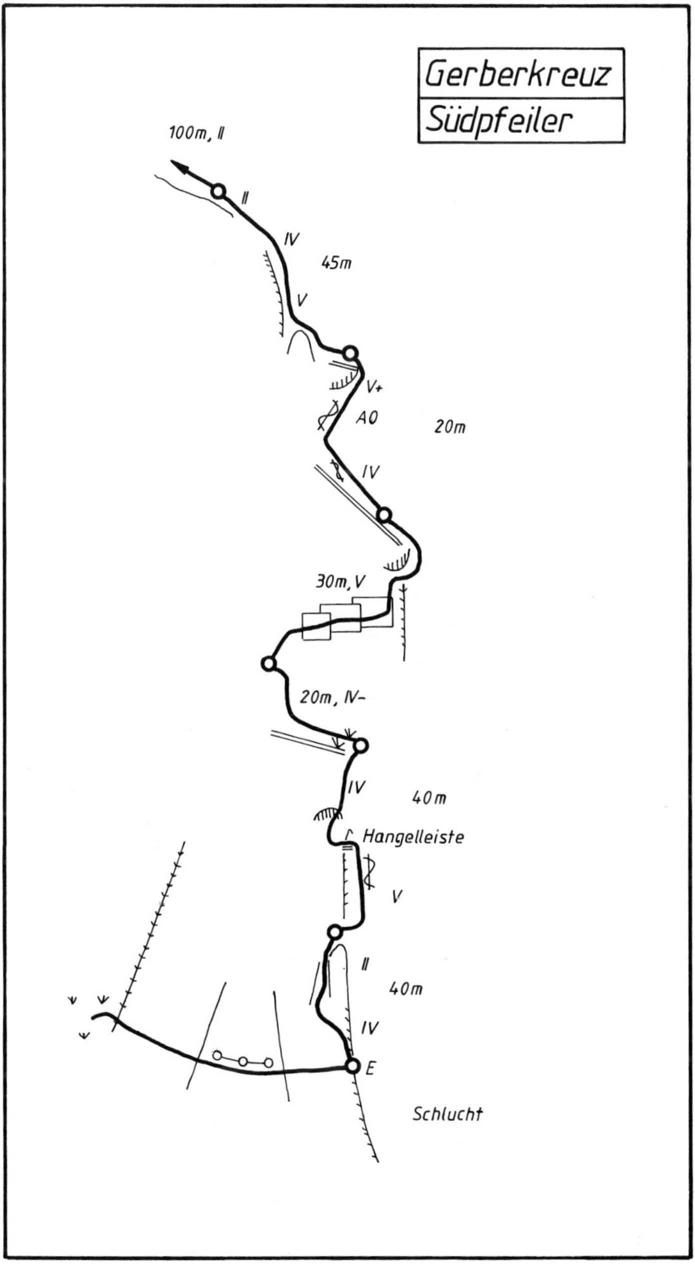
Gerberkreuz
Südpfeiler
100m, II
II
IV
45m
V
V+
A0
20m
IV
30m, V
20m, IV-
IV
40m
Hangelleiste
V
II
40m
IV
E
Schlucht

50 Mitterkarlspitze (2496 m) Neue Ostwand, „Ypsilon“

Erstbegeher: H. Baumgartner und H. Eller, 1951.
Schwierigkeit: VI– (Stellen), A0 (1 Passage). Frei VI+.
Charakter: Kurze Spritztour in einem Fels, wie man ihn im Karwendel gar nicht vermuten würde – kompakt, plattig, fest.
Kletterlänge: ca. 150 m, Zeit: ca. 3 Std.
Zustieg: Von Pertisau am Achensee auf Mautstraße ins Falzthurntal bis zur Gramaialm (P), 1261 m. Auf Wanderweg zur Lamsenjochhütte hinauf und weiter auf dem Steig zur Lamsenspitze (Normalweg). Schon vom Joch aus fällt die jenseits des Mitterkars stehende, plattige Ostwand der Mitterkarlspitze mit ihrem markanten Y-förmigen Riß ins Auge. Noch ein Stück weiter auf dem Lamsenspitzen-Normalweg, dann quer durch das Kar zum Einstieg am Fußpunkt des Risses. Ca. 2½ Std.
Abstieg: Vom Ende der Schwierigkeiten quert man ca. 80 m schräg nach links (S) aufwärts. Hier, ca. 30 m unter dem Grat bei einer mächtigen Sanduhr (markiert), Beginn der Abseilpiste, welche ins Kar hinunterführt. Man kann auch über den Grat selbst absteigen.
Weitere Routen: Durch den rechten Riß des „Y“ führt eine neuere, allerdings sehr schwere Bohrhakentour (ca. VII–/A0).

Mitterkarlspitze
Ypsilon

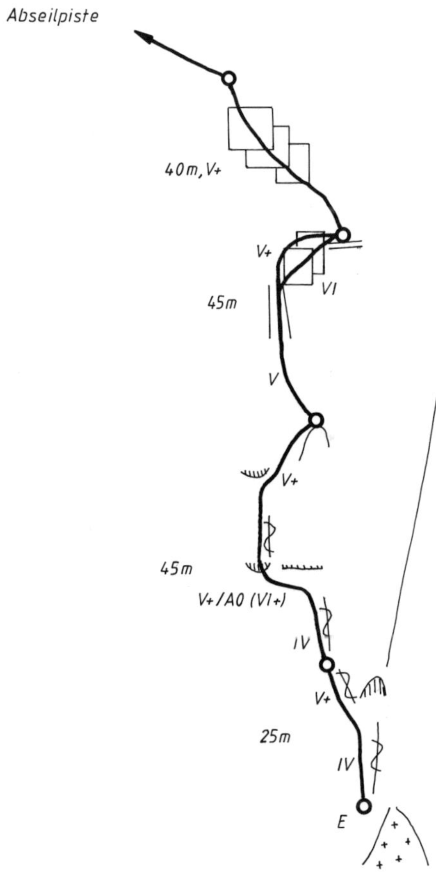

51 Speckkarspitze (2621 m) Östliche Nordwand (Überschallwand), „Kuen-Obermüller"

Erstbegeher: F. Kuen und F. Obermüller, 1971.
Schwierigkeit: V+ (Stellen), anhaltend IV bis V.
Charakter: Eine der schönsten Karwendelklettereien; mit Ausnahme des obersten Teils fester, plattiger Fels, dennoch wenig begangen. Ein von den Erstbegehern verwendeter BH steckt noch. Die Routeneinzeichnung im Foto des AV-Führers ist im unteren Teil nicht ganz korrekt.
Wandhöhe: ca. 500 m, Kletterlänge: ca. 350 m, Zeit: ca. 6 bis 7 Std.
Zustieg: Von Hall in Tirol Richtung Gnadenwald bzw. Halltal. Auf Mautstraße ins Halltal hinauf bis zum Straßenende (P), 1335 m. Weiter auf Straße und auf bequemem Wanderweg über die Herrenhäuser (ehem. Salzbergwerk), das Lafatscher Joch, und das Hallerangerhaus, 1768 m, bis kurz unters Überschalljoch. Ca. 150 m unterm Joch nach S und über Schutt zu den Wänden. Die N-Wand der Speckkarspitze ist östl. der Gipfelfallinie zu einem tiefen Trichter ausgebildet. Links vom Trichter zieht ein ausgeprägtes Band vom Wandfuß nach rechts ansteigend zum Trichterrand empor. Ca. 25 m rechts vom Fußpunkt dieses Bandes vermittelt ein Rißkamin den Einstieg. Ca. 3 bis 3½ Std.
Abstieg: Auf dem Grat nach W zum Gipfel und auf Steig über Schrofen zum Lafatscher Joch hinunter. Ca. 1¼ Std.
Weitere Routen: Die Berge um das Lafatscher Joch dürften wohl zu den besten Klettergründen des Karwendels zählen. Es sei auf die Routen im westlichen Teil der Speckkarspitze-Nordwand („Gombocz-Vigl", VI– und „Kuen-Haim", VI–), auf die Routen an den nordwestl. Vorbauten der Speckkarspitze („Buhldurchschlag", VI+, „Buratti-pfeiler", VI–/A0) und auf die Nordpfeilerrouten am benachbarten Kleinen Lafatscher („Gombocz-Kienpointner", VI–/A0 und „Jöchler-Messner", VI) verwiesen.

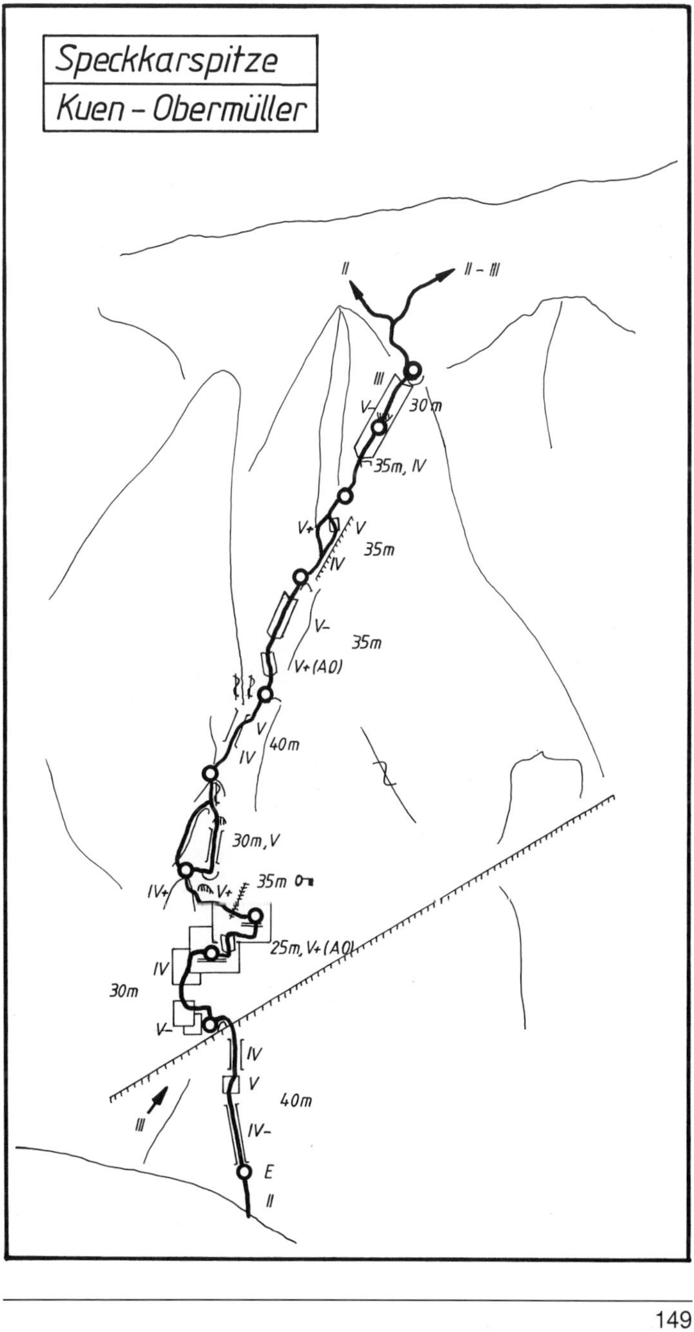
Speckkarspitze
Kuen - Obermüller
II
II - III
III
V-
30 m
35m, IV
V+
V
35m
IV
V-
35m
V+(A0)
V
40m
IV
30m, V
35m
IV+
V+
25m, V+(A0)
IV
30m
V-
IV
V
40m
IV-
E
II
III

52 Großer Solstein (2540 m) Nordverschneidung

Erstbegeher: E. und O. Streng, 1945.
Schwierigkeit: V+ (viele Passagen), meist IV bis V.
Charakter: Zählt schon zu den großen Karwendeltouren, ist dabei aber etwas weniger ernsthaft als die meisten Laliderer Routen. Außerdem ist hier die Felsqualität tadellos und der Abstieg ganz leicht. Empfehlenswerte, jedoch keinesfalls zu unterschätzende Kletterei!
Wandhöhe: ca. 900 m, Kletterlänge: ca. 600 m, Zeit: ca. 6 bis 8 Std.
Zustieg: Von Zirl nach Hochzirl hinauf. Vor der letzten Kehre vor dem Bahnhof zweigt rechts, ca. 850 m (P), eine Forststraße Richtung Solsteinhaus ab. Die Straße ist theoretisch gesperrt, praktisch fährt die halbe Welt hinauf bis ans Straßenende im Oberbachtal, ca. 1400 m (stark eingeschränkte Park- und Wendemöglichkeit). Obwohl man sich dadurch etwa 1½ Straßen-Gehstunden erspart, sollte man hier die Kraft zum Verzicht haben! Zum Solsteinhaus, 1805 m, und weiter auf Wanderweg nordseitig hinab. Kurz vor der Jagdhütte Jägerwaldl zieht eine breite Schuttreiße sanft hinauf unter die N-Wände des Großen Solsteins. Wenig links des tiefsten Punktes des Pfeilers (einzelstehende Lärche) setzt eine markante, glattgewaschene Verschneidung an. Ca. 3 Std. von Hochzirl, 1½ Std. vom Straßenende.
Abstieg: Vom Gipfel auf bezeichnetem Steig durch Latschengassen zum Solsteinhaus. Ca. 1½ Std.
Weitere Routen: Die Verschneidung ist dem rechts von ihr verlaufenden N-Pfeiler bei weitem vorzuziehen! Dafür ist der N-Wand-Riß am Freiungzahn empfehlenswert.

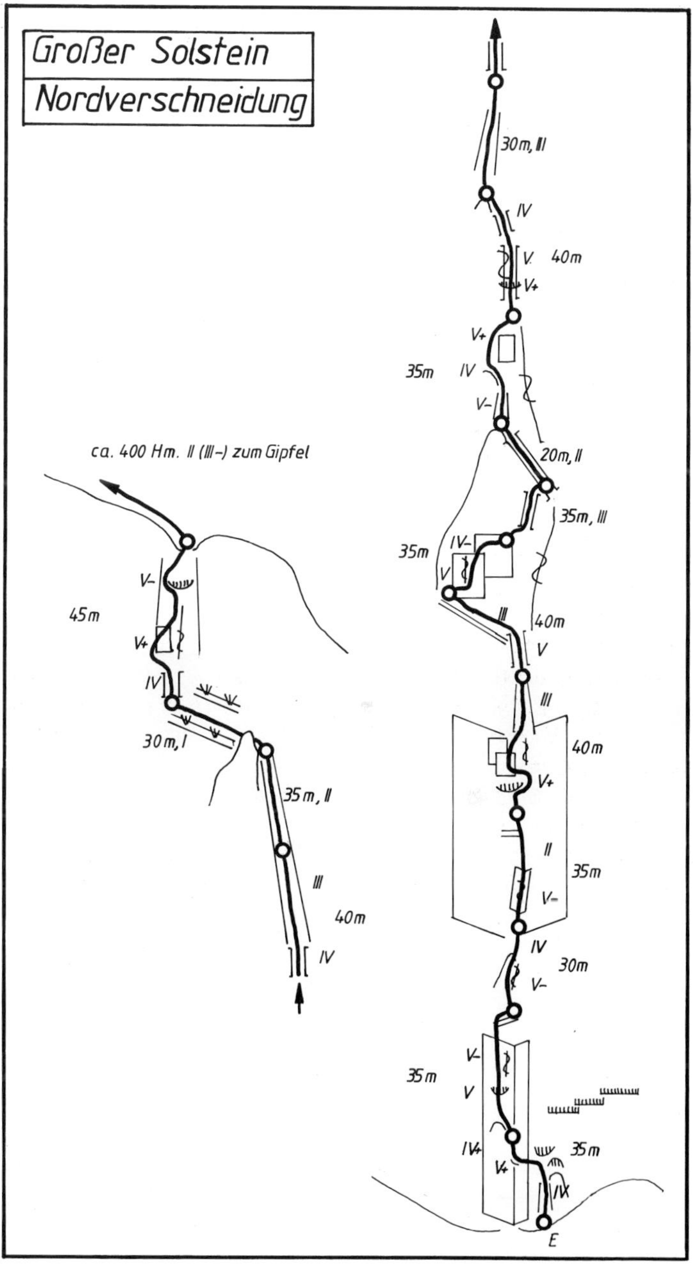

Großer Solstein
Nordverschneidung
30m, III
IV
V 40m
V+
V+
35m IV
V–
20m, II
35m, III
35m
IV–
V
III
40m
V
III
40m
V+
II
35m
V–
IV
30m
V–
V–
35m
V
IV+
V+
35m
IV
E
ca. 400 Hm. II (III–) zum Gipfel
V–
45m
V+
IV
30m, I
35m, II
III
40m
IV

Das Wettersteingebirge

gipfelt in der Zugspitze, dem „schlimmsten" Berg Bayerns. Denn nicht nur zwei Seil-Bahnen, sondern auch ein richtiger Zug fährt auf den Gipfel. Doch dieser hat seinen Namen nicht vom Eisenbahnzug, sondern von den Lahnzügen, den Lawinenstrichen, die von ihm herabziehen.

Anno 1820 erreichte Lieutenant Joseph Naus, königlich bayerischer Vermessungsoffizier, als erster den Gipfel. Die Pioniere hatten allerlei Fährnisse zu überwinden, wie z. B. die Flohplage in einer Hirtenhütte im Reintal und Einbrüche in die Spalten des Schneeferners – die es damals offensichtlich noch gab. Die beiden militärischen Begleiter von Naus bliesen zum Rückzug, es blieben nur sein Laufbursche und der Partenkirchener Führer.

Die Kletteraktivität im Wetterstein konzentriert sich im wesentlichen auf zwei Gebiete, nämlich auf das Oberreintal auf der Nordseite sowie auf die Südseite der Schüsselkar- und der Scharnitzspitze. Beide Gebiete haben Tradition:

Die Südwände der Scharnitzspitze und der Schüsselkarspitze.

An der Schüsselkarspitze wurden immer wieder Routen eröffnet, die den „Stand der Technik“ ihrer Zeit repräsentierten, wie z. B. 1913 die Südwand von Hans Fiechtl und Otto Herzog (V+/A0), 1934 die Südostwand von Rudolf Peters und Rudolf Haringer (VI/A0) oder 1973 die Ostsüdostwand von Pit Schubert und Klaus Werner (VI/A2). Auch mit Beginn der achtziger Jahre blieb die Schüsselkarspitze „vorne dran“; hier wurde bei Erstbegehungen und bei freien Begehungen bestehender Routen frühzeitig der VIII. Grad erreicht. Routen wie „Locker vom Hocker“ oder der „Bayerische Traum“ sind berühmt geworden.

Das Oberreintal wiederum war vor allem in der Zeit der geschlossenen Grenzen nach dem Krieg eines der wichtigsten Klettergebiete der bayerischen Alpen. Besonders in den fünfziger Jahren wurden hier viele Neutouren erschlossen. Auffällig ist die große Zahl der „Münchener Sachsen“, die daran beteiligt waren; sächsischer Kletterer, die in den Westen geflohen waren und sich im bergnahen München konzentrierten. Die Namen Lothar Brandler, Karlheinz Gonda, Fritz und Wulf Scheffler oder Herbert Wünsche belegen dies.

Blick vom Wamperten Schrofen, Mieminger Kette, zur Zugspitze.

53 Hochwanner (2744 m) Nordwand

Erstbegeher: L. Heis; bzw. L. Distel, A. und G. Schulze, 1904.
Schwierigkeit: III–, meist Gehgelände bis II.
Charakter: Die Hochwanner-Nordwand nimmt unter den hier ausgewählten Touren eine Sonderstellung ein – eine große Wand von geringer technischer Schwierigkeit, doch in durchgehend alpinem Gelände. Dabei ist der Fels für eine solche Wand gar nicht einmal so schlecht und der Tiefblick ins Reintal höchst eindrucksvoll.
Wandhöhe: ca. 1400 m, Zeit: ca. 5 bis 8 Std.
Zustieg: Von Partenkirchen, Skistadion (P), 740 m, durch die Partnachklamm ins Reintal. Oder, günstiger, Fahrrad mitnehmen und von Klais auf Mautstraße zum Schloß Elmau (P) und auf der Straße weiter ins Reintal. In der Regel kann man bis zum Abstellplatz am Straßenende mit dem Rad fahren. Weiter auf Fahrweg bis zur meist ausgetrockneten Hinteren Blauen Gumpe. Ca. 2½ bis 3 Std.
Routenverlauf: Rechts am Wandfuß erkennt man zwei parallele, gerade Felsrinnen im Latschendickicht. Man durchwatet die Partnach und steigt durch eine kleine Geröllschlucht nach rechts zu einer dieser Rinnen. In ihr an festem, glattgewaschenem Fels hoch, bis man sie auf einem begrünten Schrofenband in ca. 1700 m Höhe (in der AV-Karte sichtbar) nach links (ostw.) verlassen kann. Das Band führt in den rechten Teil der eigentlichen Wand. Etwa im Zentrum der Wand befindet sich ein schon von unten sichtbarer begrünter Pfeilerkopf, der Heiskopf (H). Das westl. dieses Heiskopfes herabziehende mächtige Rinnensystem reicht bis zu dem erwähnten Schrofenband. Es führt in brüchigem Fels auf den Heiskopf. Nun direkt zur Wand hin und auf einem ausgeprägten Band nach O zunächst etwas fallend, dann wieder ansteigend bis zu seinem höchsten östl. Punkt. Von hier gerade empor zu einem schmalen Band, das ausgesetzt nach links zu einer Nische mit natürlichem Wasserbecken führt und weiter 10 m gerade empor über eine Wandstufe, die in den gewaltigen Trichter unterm Gipfel leitet. Durch ihn (fester, bröselüberstreuter Fels) auf den Grat, den man östl. des Gipfels erreicht.
Abstieg: Durch das Hochwannerkar südwestl. hinab und unter den S-Wänden des Kleinwanners in Richtung auf den Hohen Kamm queren. Von diesem auf dem südwestl. Höhenrücken zum Wannigjöchl (auch Kothbachsattel) absteigen. Nun auf Steig zur Knorrhütte. Ca. 1½ Std.

H

54 Zweiter Oberreintalkopf (ca. 2000 m) Ostverschneidung

Erstbegeher: F. Mayer und H. Schmidt, 1951.
Schwierigkeit: IV (fast durchgehend).
Charakter: Eine der schönsten mittelschweren Klettertouren im Oberreintal, ja im ganzen Wetterstein. Feste, rauhe Risse. Standplätze mit DAV-Haken ausgerüstet.
Wandhöhe: ca. 200 m, Kletterlänge: ca. 250 m, Zeit: ca. 2 bis 3 Std.
Zustieg: Wie bei Tour 56 zur Oberreintalhütte, ins linke Kar und nach rechts ins Scharnitzkar. Die Oberreintalköpfe sind der Verbindungskamm zwischen dem Oberreintalschrofen und dem Oberreintalturm (auf der AV-Karte nicht namentlich verzeichnet), wobei die Numerierung von S beginnt. In der O-Wand des zweithöchsten Gipfels sieht man die markante Verschneidung. Einstieg bei einer auffallenden Gufel links am Fuß der Verschneidung. Ca. 1 Std. von der Hütte.
Routenverlauf: Aus der Gufel rechts heraus durch eine Verschneidung zu einer Nische (45 m, IV). Leicht rechts haltend über Wandstellen und gerade hinauf zu Schrofen (35 m, IV). Gerade empor zu einer Piazplatte, über diese und durch den anschließenden Riß auf einen Absatz (40 m, III und IV). Durch Risse gerade hinauf, und unter dem Pfeilerfuß über ein Schrofenband nach links hinauf zu einer Nische (35 m, IV, I). Etwas links der Verschneidung über eine schwach ausgeprägte Kante zu Köpfl (40 m, IV, III). Zurück in die Verschneidung und durch einen Riß unter einem Klemmblock hindurch hinauf zum Grat (30 m, III). Nach links zu einem Gratturm und durch einen Piazriß auf diesen hinauf zu Köpfl (II, IV, 35 m). Über Schrofen zum Gipfel (60 m).
Abstieg: Zunächst ca. 50 m nach S, dann nach SW ins Scharnitzkar hinab (Schrofengelände). Ca. 1 Std.
Weitere Routen: Unter den mittelschweren Touren des Oberreintals dürfte die „Radlkant'n“ (IV+/A0) die bekannteste und beliebteste sein. Weitere Tips gibt's auf der Hütte.

Die Ostwand des Zweiten Oberreintalkopfes.

55 Musterstein (2478 m) Südwand, „Ass'n-Glaser"-Variante

Erstbegeher: P. Ass'n und J. Glaser, 1912; Ausstiegsvariante: unbekannt.
Schwierigkeit: IV+ oder V+ (Stelle, je nach Wegführung), meist IV. Mehrere Varianten möglich.
Charakter: Hübsche Genußkletterei, die mehrere Varianten zuläßt. Der Fels ist durchgehend rauh und bis auf die letzte Seillänge schön fest. Auch Spätherbsttour.
Wandhöhe: ca. 350 m, Zeit: ca. 4 Std.
Zustieg: Von Leutasch-Reindlau (P), ca. 1000 m auf dem Steig Richtung Meilerhütte bis unter die Südwand des Mustersteins.
Ca. 2½ Std. Weit rechts der Gipfelfallinie setzt am Wandfuß ein ausgeprägtes langes, schräg nach links hinaufziehendes Band, das Schmidband, an. Einstieg unter dem Schrofentrichter, in dem das Band beginnt.
Abstieg: Über den Westgrat (II, siehe Skizze bei Tour 59) zur Meilerhütte und auf dem Hüttenzugangsweg wieder zum Wandfuß zurück. Ca. 1¼ Std. Vor dem sog. „Innsbrucker Schnellabstieg" wird gewarnt.
Weitere Routen: Wenn man Zeit und Lust hat, kann man noch eine der kurzen Südwandrouten an der Östlichen Törlspitze (der Pfad führt unweit der Wand vorbei) dranhängen (Östlicher Weg und Mittlerer Weg).

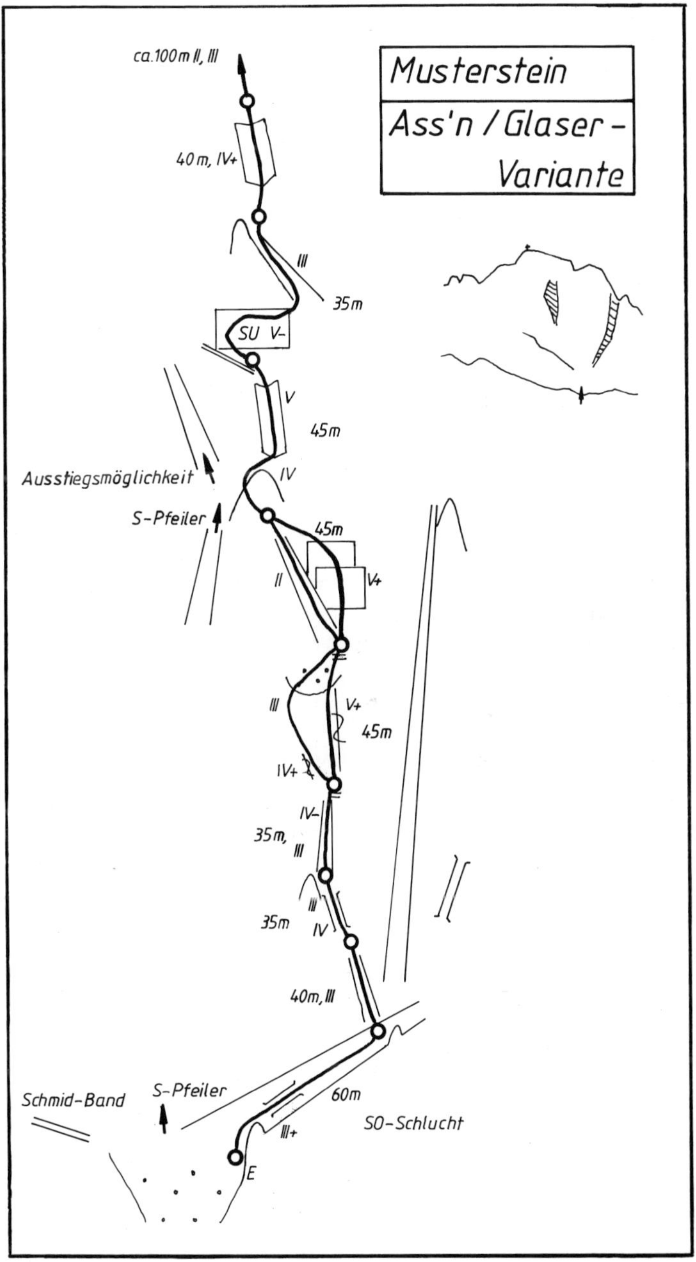
Musterstein
Ass'n / Glaser - Variante
ca.100m II, III
40 m, IV+
III
35m
SU V-
V
45m
Ausstiegsmöglichkeit
IV
S-Pfeiler
45m
II
V+
III
V+
45m
IV+
IV-
35m,
III
III
35m
IV
40m, III
Schmid-Band
S-Pfeiler
60m
III+
SO-Schlucht
E

56 Unterer Schüsselkarturm (2200 m) Nordwestwand, „Herbst-Teufel"

Erstbegeher: A. Herbst und H. Teufel, 1935.
Schwierigkeit: V (vielfach), A0 (zwei Stellen), Frei VI–.
Wandhöhe: ca. 250 m, Kletterlänge: ca. 300 m, Zeit ca. 2 bis 3 Std.
Charakter: Elegante, vielbegangene Klettertour des Oberreintals in steilem Fels. Nach Regen länger naß!
Zustieg: Wie bei Tour 53 ins Reintal. Bei der Abzweigung ins Oberreintal (Hinweistafel) hinauf, bei der Hütte, 1525 m, ins linke Kar, dann nochmals links ins Schüsselkar und leicht rechts haltend zur Nordwand des Unteren Schüsselkarturmes. Ca. 3 bis 4 Std. Einstieg 50 m rechts der markanten Rißverschneidung auf einem kleinen Absatz.
Abstieg: Über den Südgrat in die Scharte zwischen Unterem und Oberem Schüsselkarturm (II) und über Schrofen und Gras südwestl. ins Scharnitzkar und weiter zur Hütte hinab. Ca. ¾ Std.
Weitere Routen: Neben den Südwänden der Schüsselkarspitze ist das Oberreintal das Hauptklettergebiet des Wettersteins. An schönen Wochenenden ist die Hütte meist brechend voll von Kletterern, die einem jede Menge guter Tips geben können.

57 Unterer Schüsselkarturm (2200 m) Nordwand, „Schober"

Erstbegeher: K. Münch und M. Schober, 1938.
Schwierigkeit: VI– (Stellen), anhaltend V und V+, A0 (mehrere Stellen). Frei VI+.
Wandhöhe: ca. 250 m, Kletterlänge: ca. 300 m, Zeit: ca. 2 bis 3 Std.
Charakter: wie Tour 56.
Zustieg und Abstieg: wie bei Tour 56, Einstieg in der markanten Rißverschneidung nebenan.

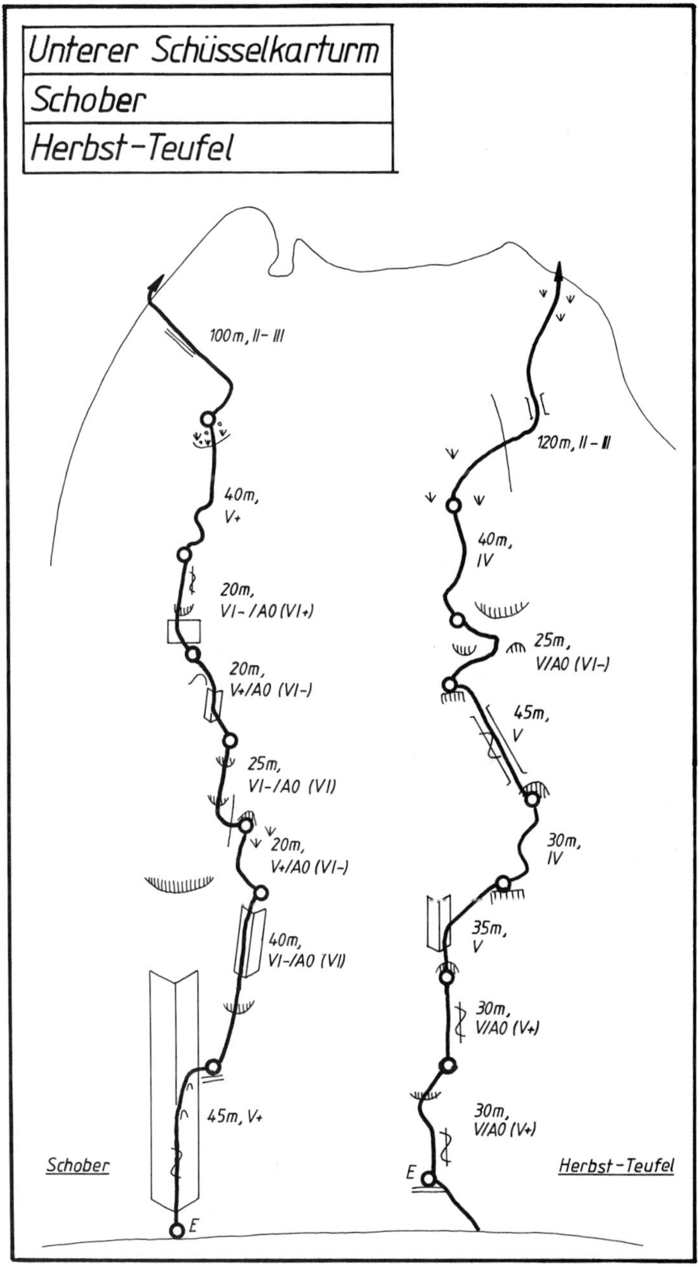
Unterer Schüsselkarturm
Schober
Herbst-Teufel
100m, II-III
40m, V+
20m, VI-/A0 (VI+)
20m, V+/A0 (VI-)
25m, VI-/A0 (VI)
20m, V+/A0 (VI-)
40m, VI-/A0 (VI)
45m, V+
E
Schober
120m, II-III
40m, IV
25m, V/A0 (VI-)
45m, V
30m, IV
35m, V
30m, V/A0 (V+)
30m, V/A0 (V+)
E
Herbst-Teufel

58 Pantherkopf (ca. 2300 m) Südwandrisse

Erstbegeher: S. Gschwendtner, N. Sialkowsky und F. Scheidhacker, 1977.
Schwierigkeit: VI (1 Stelle), meist IV bis V.
Charakter: Schöne, wenig begangene Freikletterei, meist in Rissen von festem, rauhem Fels. Gut im Spätherbst; im Frühjahr könnte der Abstieg problematisch sein.
Wandhöhe: ca. 250 m, Kletterlänge: ca. 300 m, Zeit ca. 3 bis 4 Std.
Zustieg: Der sog. Pantherkopf ist ein östl. Anhängsel der Schüsselkarspitze und auf der AV-Karte nicht namentlich verzeichnet. Er befindet sich südwestl. der Dreizinkenscharte. Von Leutasch-Gasse (P), ca. 1100 m, N-Ende, durchs Puittal hinauf zum Wandfuß. Einstieg ca. 50 m rechts von einer Schlucht und ca. 30 m rechts von glattgeschliffenen weißen Platten. Über eine nach rechts ziehende Rampe zum Einstieg hinauf.
Abstieg: Durch die nordöstl. des Pantherkopfes herabziehende Schlucht und über den benachbarten Grat hinab, bis man nach rechts heraus und zum Einstieg hinüberqueren kann.
Weitere Routen: Der „Zweite Streich" (VI) links nebenan.

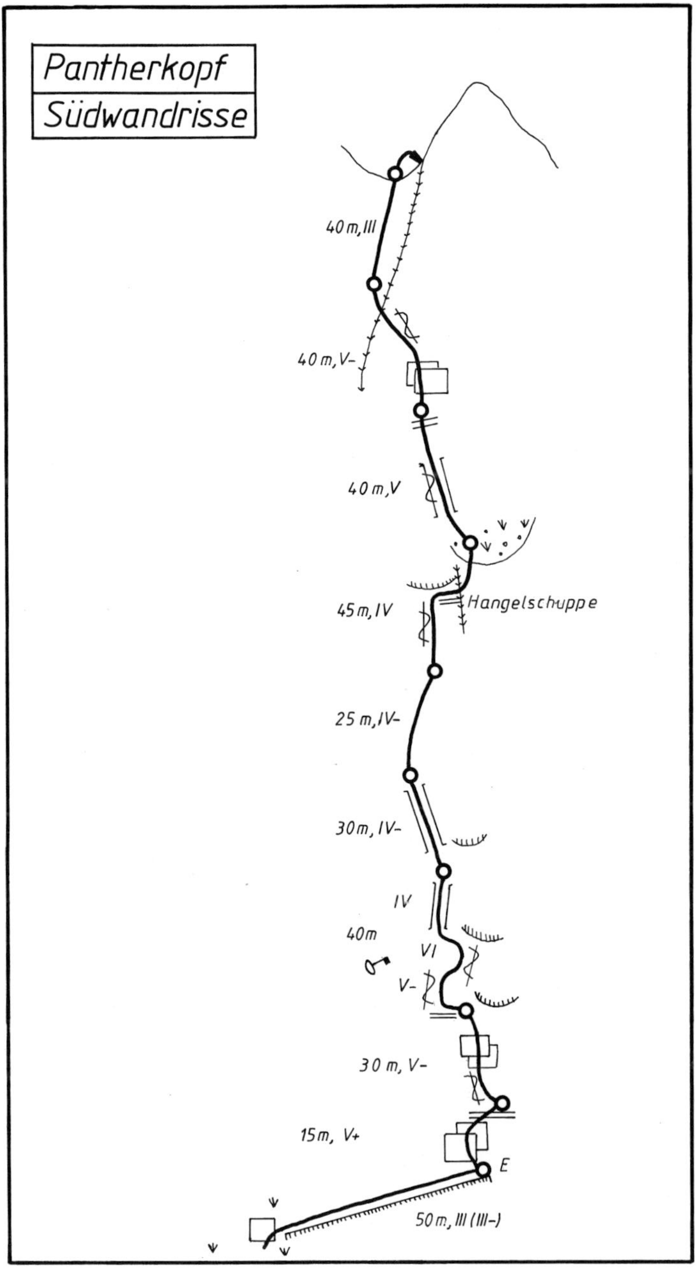
Pantherkopf
Südwandrisse
40 m, III
40 m, V–
40 m, V
45 m, IV
Hangelschuppe
25 m, IV–
30 m, IV–
IV
40 m
VI
V–
30 m, V–
15 m, V+
E
50 m, III (III–)

59 Musterstein (2478 m) Südpfeiler Variante Direkter Südpfeiler

Erstbegeher: S. Douschan, W. Mariner und K. Rainer, 1939.
Schwierigkeit: VI (eine Seillänge), meist IV+. Direkter Südpfeiler: VI (mehrfach).
Charakter: Eine der prachtvollsten Touren am Musterstein; abwechslungsreiche Riß- und Verschneidungskletterei in allerbestem, rauhestem Fels.
Wandhöhe: ca. 350 m, Kletterlänge: ca. 450 m. Zeit: ca. 5 Std.
Zustieg: wie Tour 55. Der S-Pfeiler baut sich über dem Schmid-Band (s. Tour 55) auf. Im unteren Teil ist er plattig, darüber wird er von einem auffallenden, schräg nach links aufwärts ziehenden Riß-system durchzogen und schließlich endet er in einem vorstehenden Pfeilerkopf. Einstieg in dem bei Tour 55 erwähnten Schrofenkessel, dort wo diese nach rechts abzweigt.
Abstieg: wie bei Tour 55.
Weitere Routen: Der Musterstein ist im Vergleich zur Schüsselkarspitze noch ein relativ wenig besuchter Kletterberg. Ein schöner Klassiker ist die „Kubanek-Spindler" (VI+ und festes Gestein, nicht wie im AV-Führer angegeben), daneben gibt es mehrere neue Routen in klassischem Stil, z. B. „Da geht's aa" (V–), „Morgenrot" (VI), den „Dorothea-Wallner-Gedächtnispfeiler" (VI+).

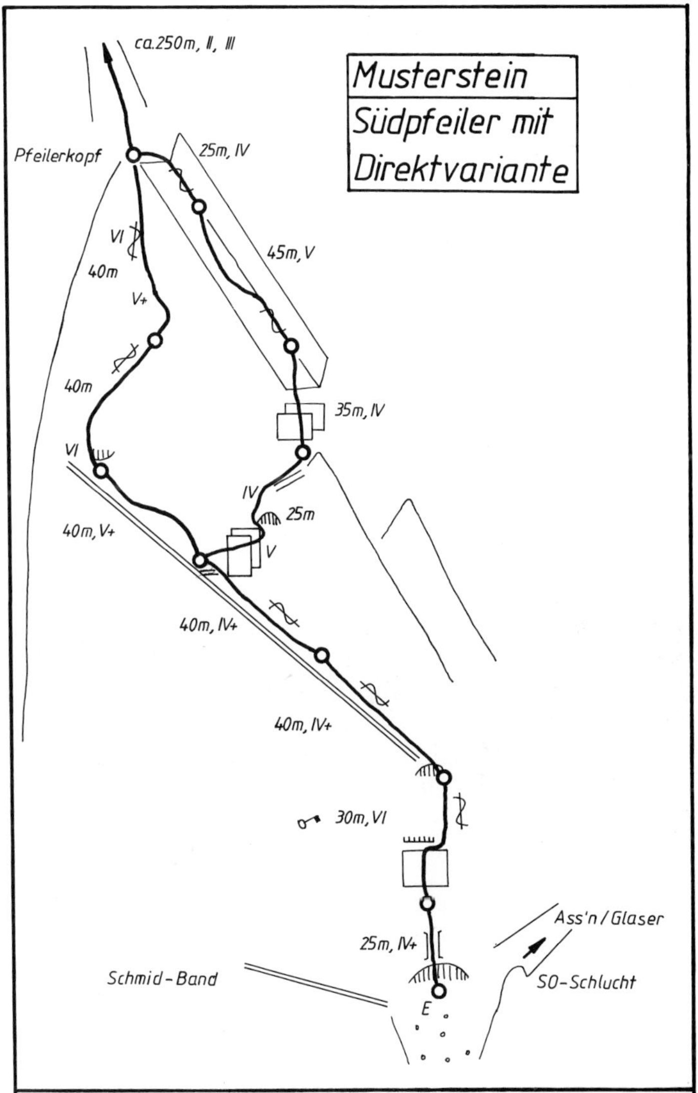
Musterstein
Südpfeiler mit
Direktvariante
ca.250m, II, III
Pfeilerkopf
25m, IV
45m, V
VI
40m
V+
40m
35m, IV
VI
IV
25m
V
40m, V+
40m, IV+
40m, IV+
30m, VI
25m, IV+
Schmid-Band
E
Ass'n / Glaser
SO-Schlucht

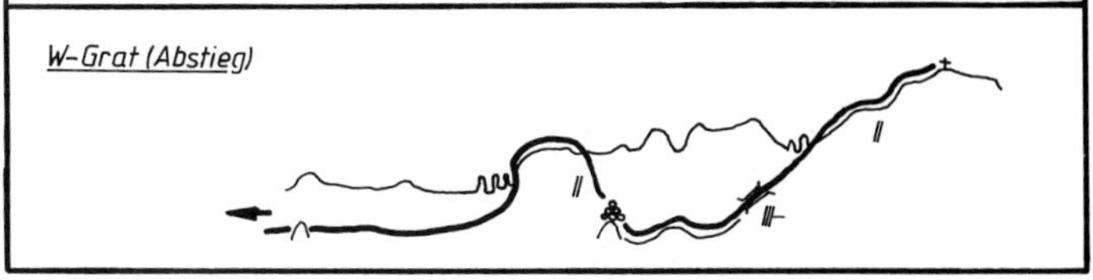
W-Grat (Abstieg)
II
II
III-

Die Ammergauer, Allgäuer und Lechtaler Alpen

Ihre vielen, treuen, sympathischen Anhänger mögen es verzeihen: Die Gebirgsgruppen westlich des Wettersteins kann man vielleicht nicht uneingeschränkt als „Kletterparadies“ bezeichnen. Das soll keineswegs heißen, daß es hier keine prachtvollen Klettertouren gäbe, ganz im Gegenteil. Nur ist deren Dichte eben doch nicht so hoch wie in den Gebirgen östlich des Inns, wie beispielsweise im Hochköniggebiet.
Von den drei hier zusammengefaßten Gebirgsgruppen weisen die zu den Allgäuer Alpen gehörenden Tannheimer Berge die höchste Routendichte auf. Stellt man einmal die nordseitigen, längeren, meist sehr „heroischen“ Anstiege zurück, so bleibt im wesentlichen das Routennetz an den Südwänden des Gimpels, der Roten Flüh und des Hochwieslers. Viele dieser kurzen Südwandtouren kann man fast das ganze Jahr hindurch klettern.
Die Lechtaler Alpen sind ein Paradies für einsame Wanderungen und Herumstrolchereien, doch finden sich dort aufgrund des geologischen Aufbaues nur wenige, inselartig zerstreute Klettermöglichkeiten.
Auch die Ammergauer Alpen, in denen Modetouren und unbekannte Winkel nebeneinander koexistieren, sind kein ausgesprochenes Klettergebirge. Jedoch gibt es eine Reihe Klettermöglichkeiten, vor allem am und um den Geiselstein.

Zur vorangegangenen Doppelseite:
Tannheimer und Allgäuer Gipfel-Vollversammlung: Ganz vorne rechts der Feigenkopf, in der Mitte der Tegelberg. Links der Kamm von der Krähe bis zum Geiselstein, dahinter der Säuling und in der dritten Reihe Gehrenspitze, Kellespitze, Gimpel, Sebenspitze. Links neben der Sonne Brentenjoch und Aggenstein.

60 Kellespitze (2240 m) Überschreitung von Ost nach West

Erstbegeher: J. Bachschmid und E. Christa, 1898 (Ostgrat), bzw. J. Enzensperger, 1897 (Westgrat).
Schwierigkeit: III (mehrere Stellen), meist I bis II.
Charakter: Lange, stellenweise ausgesetzte, landschaftlich besonders schöne Grattour.
Kletterlänge: ca. 1000 m, Zeit: ca. 3 bis 6 Std.
Zustieg: Von Nesselwängle (P), 1147 m, im Tannheimer Tal zur Tannheimer Hütte hinauf und weiter zum Sabacher Joch. Ca. 1½ Std. Nun auf dem Grasrücken in Richtung Kelleschrofen (markanter Endgipfel des Ostgrates) bis an die Wände (Stellen I und II). Am Wandfuß nach rechts, unter die O-Flanke queren und in den linken (südlichen) der beiden die Flanke durchziehenden schluchtartigen Kamine. An seiner rechten Flanke über Schrofen und Grashänge (II), die bald nach links zum felsigen Gipfelaufbau (II) führen. Ca. 1 bis 1½ Std.
Routenverlauf: Zunächst kurz über die Gratkante. Bald aber verläßt man diese nach N (II, III) und erreicht auf schmalen Bändern die Scharte vor dem nächsten Gratgipfel, dem Babylonischen Turm. Diesen umgeht man in seiner N-Flanke. Auch weiterhin hält man sich auf der rechten Seite des Grates, über Bänder, Schrofen und eine ausgesetzte Verengung (III). Der Grat führt eine Zeit lang ziemlich flach dahin, verbreitert sich und steigt als grasiger Rücken zum Gipfel hoch. Den W-Grat gewinnt man, indem man südwestl. zur rechten von zwei Gratrippen absteigt. Den letzten Aufschwung durch eine kleine Verschneidung (III) hinunter in eine Scharte und über einen Gratkopf in eine weitere Scharte. Weiter über den flachen Grat und mittels eines weiten Risses (II, III) den letzten Aufschwung zum Normalweg hinab.
Abstieg: Von der Nesselwängler Scharte, 2007 m, über die Tannheimer Hütte nach Nesselwängle hinab.

61 Hintere Platteinspitze, Hauptgipfel (2723 m) „Melzergrat"

Erstbegeher: unbekannt.
Schwierigkeit: IV+ (2 Stellen), oft III bis IV, über weite Strecken leichter, A0 (Stelle).
Charakter: Herrliche, manchmal ausgesetzte Plattenkletterei. Sonnenseitig, daher schon zeitig im Frühjahr begehbar.
Kletterlänge: ca. 900 m, Zeit 3 bis 5 Std.
Zustieg: Von Imst auf dem Weg zum Hahntennjoch Richtung Obermarkter Alm und auf kleiner Straße bis unterhalb dieser (P, ca. 1600 m). Hierher auch von Hoch-Imst per Seilbahn. Zur Muttekopfhütte, und weiter zum Gratfuß, an dessen tiefsten Punkt. Ca. 1½ Std.
Abstieg: Über den Grat nach N ins Sparket-Schartl (II, ½ Std.) und links ins Engelskar hinab.
Weitere Routen: Durch die Melzerplatte führen mehrere kürzere Klettereien, doch ist der Fels nicht immer hundertprozentig zuverlässig. Eine schöne Route führt auch links der Melzerschlucht durch die S-Wand.

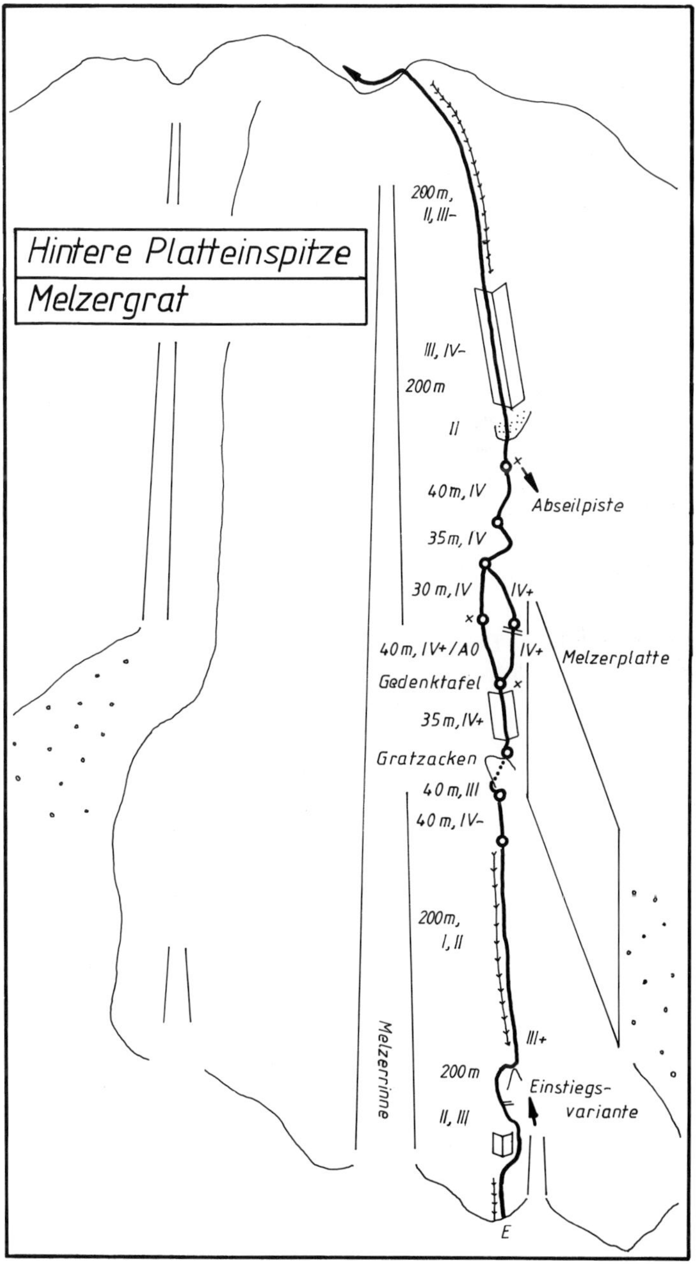
Hintere Platteinspitze
Melzergrat
200 m,
II, III–
III, IV–
200 m
II
40 m, IV
Abseilpiste
35 m, IV
30 m, IV
IV+
40 m, IV+/A0
IV+
Melzerplatte
Gedenktafel
35 m, IV+
Gratzacken
40 m, III
40 m, IV–
200 m,
I, II
III+
200 m
Einstiegs-
variante
II, III
Melzerrinne
E

62 Geiselstein (1884 m) Nordwand, „Herzogweg“

Erstbegeher: O. Herzog, H. Schneider, E. Solleder und K. Lischer, 1920.
Schwierigkeit: IV+ (überwiegend), nur selten leichter, A0 (Stellen).
Charakter: Schöne, klassische Kletterei; zählt zu den längsten Ammergauer Touren.
Kletterlänge: ca. 500 m, Zeit: ca. 3–4 Std.
Zustieg: Von Halblech (P, Hinweisschild an der Bundesstraße) mit Bus oder Radl in Richtung Kenzenhütte bis zum Wankerfleck, 1148 m. Auf dem Steig Richtung Geiselsteinsattel unter die N-Wand des Berges. Bevor sich der Weg um das Eck auf die W-Seite wendet, zweigt links ein schwaches Steiglein ab. Diesem folgt man, eine Schuttrinne überquerend, bis zu einer Blockrinne. Diese hinauf zum Einstieg. Ca. 1¼ Std.
Abstieg: Über den markierten und abgespeckten Normalweg (Stelle II) in ¼ Std. zum Geiselsteinjoch und beliebig weiter hinab zum Wankerfleck (ca. 1 Std.).
Weitere Routen: Der „Schertelweg“ (H. Schertel und M. Settele, 1932) ist schwieriger, aber eine sehr schöne Kletterei in Wassererosionsrillen.

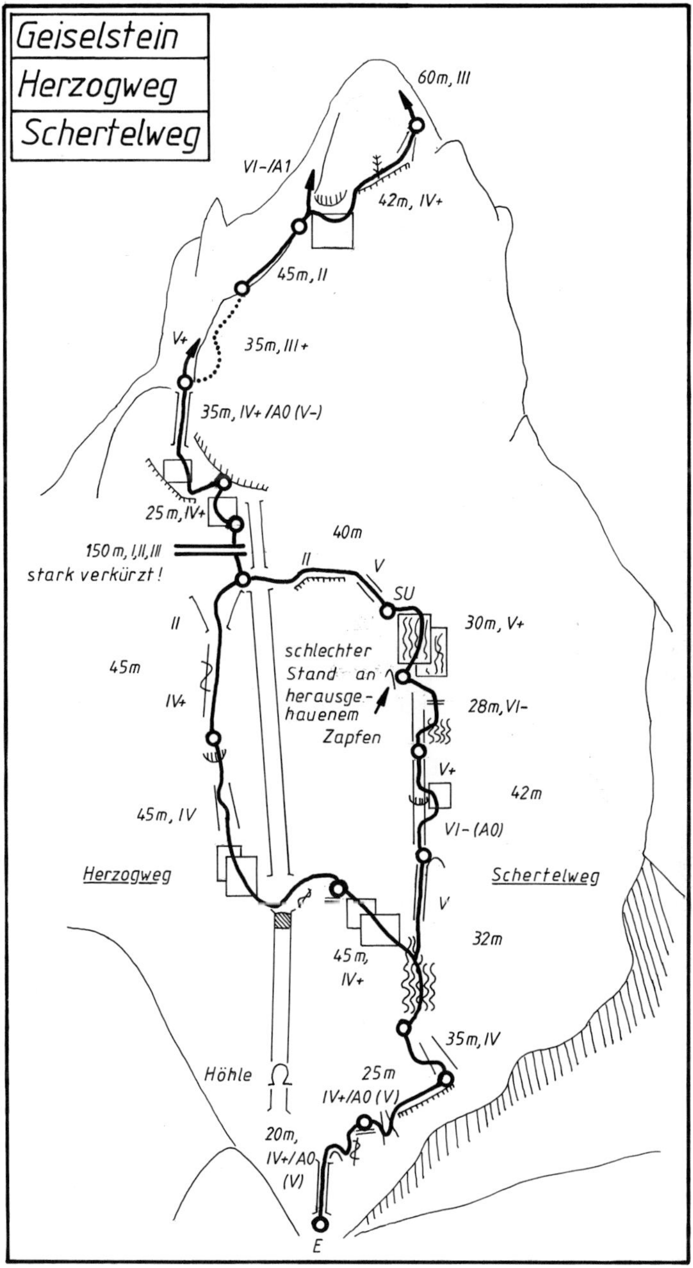
Geiselstein
Herzogweg
Schertelweg
60m, III
VI-/A1
42m, IV+
45m, II
V+
35m, III+
35m, IV+/A0 (V-)
25m, IV+
150m, I,II,III
stark verkürzt!
40m
II
V
SU
30m, V+
II
45m
IV+
schlechter
Stand an
herausge-
hauenem
Zapfen
28m, VI-
V+
42m
VI- (A0)
45m, IV
Herzogweg
Schertelweg
V
32m
45m,
IV+
35m, IV
Höhle
25m
IV+/A0 (V)
20m,
IV+/A0
(V)
E

63 Gehrenspitze (2163 m)
Südpfeiler mit Direktvariante

Erstbegeher: P. Risch und Gef., 1922.
Schwierigkeit: V+ (mehrere Passagen), meist IV bis V, zwei Stellen A0. Frei VI.
Charakter: Schöne, ausgesetzte Kletterei. Da etwas abgelegen, nicht so überlaufen wie die Touren an Gimpel, Hochwiesler oder Roter Flüh. Auch schon im frühen Frühjahr begehbar.
Wandhöhe: ca. 180 m, Kletterlänge: ca. 200 m, Zeit: ca. 3 Std.
Zustieg: Von Wängle-Winkl (P), ca. 680 m, nahe Reutte auf Steig und teilweise auf Forststraße über die Loxeris- und über die Gehrenalm zum Gehrenjoch und auf einem Steiglein schräg rechts zur Gehrenspitze. Dieses leitet, einige Rippen querend, zu einem Grat, der bald an der SW-Kante des Berges endet (Gedenktafeln). Weiter unter der S-Wand entlang bis an den Fußpunkt der Pfeilerkante. Hier Einstieg bei Absatz. Ca. 3 Std. Im Frühling (Schnee) ist es evtl. günstiger auf einem Rücken rechts der Gehrenspitze anzusteigen und, einige Rinnen querend, nach links zum Wandfuß zu gelangen.
Abstieg: Nach W in ein Schartl und durch eine Rinne unschwierig wieder nach S hinab (ca. 20 Min.).
Weitere Routen: Die südseitigen Routen an der Gehrenspitze können als kurze Dreingaben an den S-Pfeiler angehängt werden, z. B. die Alte S-Wand, IV+. Die nordseitigen Routen dagegen haben heroischen Charakter und kulminieren im berüchtigten „Battertriß". Der Linke NO-Pfeiler dagegen („Marktoberdorfer Pfeiler") hat festen Fels und soll sehr lohnend sein, allerdings ist die Schlüsselseillänge moralisch äußerst anspruchsvoll.

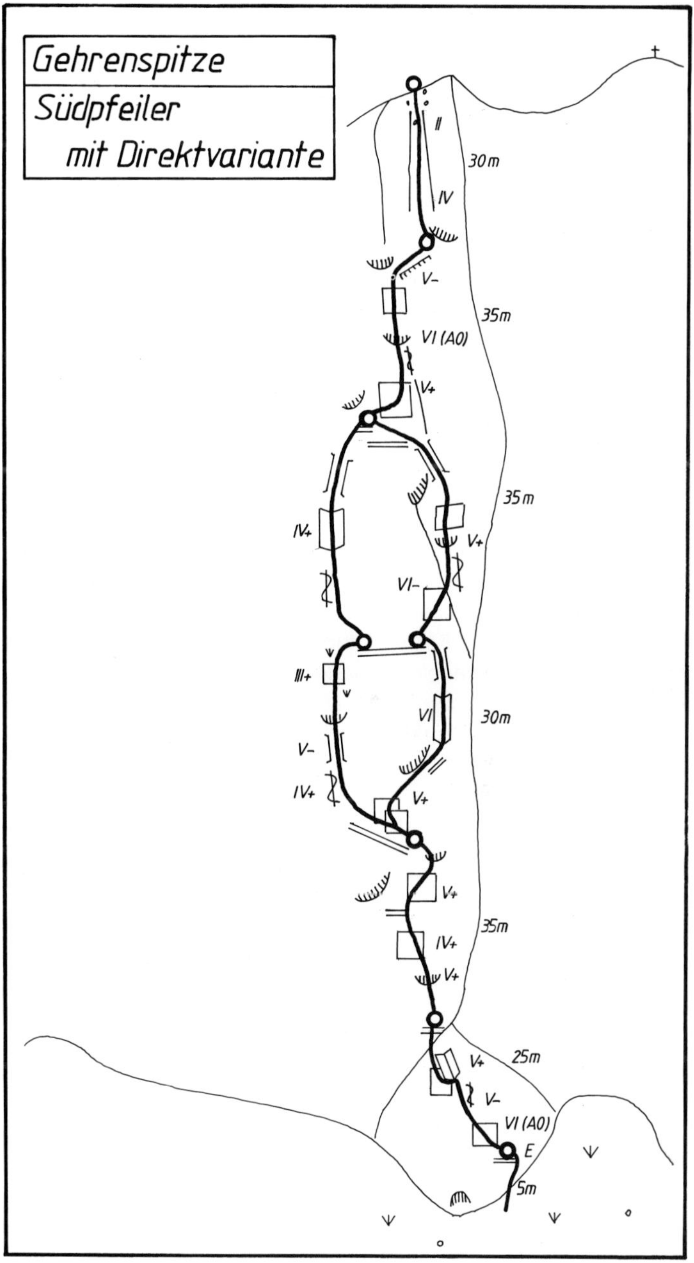
Gehrenspitze
Südpfeiler
mit Direktvariante
II
30 m
IV
V–
35m
VI (A0)
V+
35 m
IV+
V+
VI–
III+
VI
30m
V–
IV+
V+
V+
35m
IV+
V+
V+
25m
V–
VI (A0)
E
5m

64 Gimpel (2176 m)
Nordwand, „Schertelplatte"

Erstbegeher: H. Schertel und M. Neher, 1931.
Schwierigkeit: V+ (mehrere längere Passagen), meist IV bis V, A0 (mehrere Stellen). In der Direktvariante VI (eine Stelle). Frei VI+.
Charakter: Unter den ansonsten meist „heroischen" Tannheimer Nordwandtouren zeichnet sich die Schertelplatte durch genußvolle Kletterstellen und meist guten Fels aus. Deshalb wird sie auch am meisten begangen. Trotzdem eine alpine Tour, die mit den Südwandrouten am gleichen Berg nicht zu vergleichen ist.
Wandhöhe: ca. 600 m, Kletterlänge: ca. 730 m, Zeit: ca. 4 bis 6 Std.
Zustieg: Beim Gasthaus Reintal südl. Musau im Lechtal rechts von der Hauptstraße ab und bis zur Schranke (P), ca. 830 m. Auf Forststraße (Fahrrad günstig) das Reintal hinauf zur Otto-Mayr-Hütte und weiter unter die N-Wand des Gimpels. Ca. 3½ Std. Durch die Wand zieht sich von links nach rechts ansteigend ein breites, rampenartiges Schuttband, das sog. Gimpelband. E am Fußpunkt dieses Bandes.
Abstieg: Auf dem Normalweg schlittert man nach SO fröhlich über abgespeckten Fels ins Kar und quert dann unter den Wänden des Schäfers zur Nesselwängler Scharte hinüber. Nun auf mark. Weg, teilweise versichert, ins Reintal hinab. Ca. 1 bis 1¼ Std.
Weitere Routen: Viele kürzere Routen aller Schwierigkeitsgrade an der bekannten Südwand.

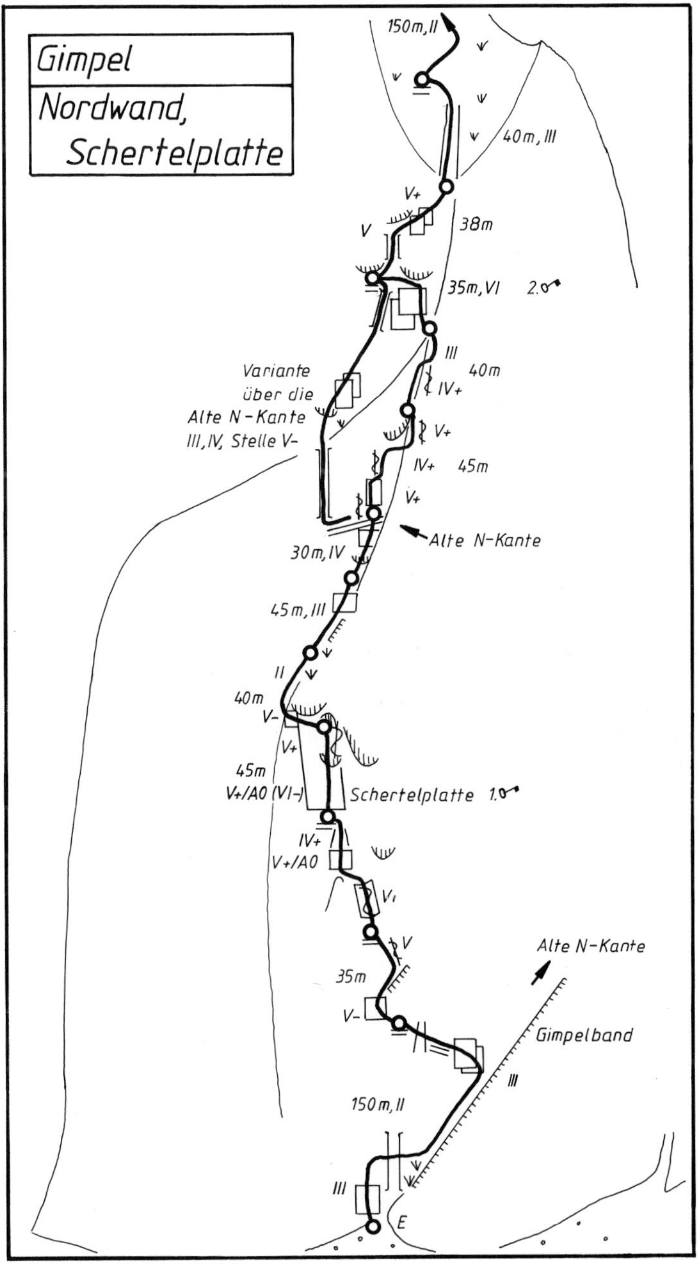
Gimpel
Nordwand,
Schertelplatte
150m, II
40m, III
V+
38m
V
35m, VI
2.
III
40m
Variante
über die
Alte N-Kante
III, IV, Stelle V-
IV+
V+
IV+
45m
V+
Alte N-Kante
30m, IV
45m, III
II
40m
V-
V+
45m
V+/A0 (VI-)
Schertelplatte
1.
IV+
V+/A0
V
V
35m
V-
Alte N-Kante
Gimpelband
III
150m, II
III
E

65 Freispitze (2884 m)
Linke Südwand, „Albrecht-Futterknecht“

Erstbegeher: Ph. Albrecht und H. Futterknecht, 1969.
Schwierigkeit: VI– oder VI (Stelle, je nach Variante), oft V, A0 e (2 Stellen). Frei VI+.
Charakter: Hervorragend schöne Wand- und Plattenkletterei in landschaftlich eindrucksvoller, einsamer Umgebung. Insgesamt nicht zu unterschätzen. Erst ab Hochsommer (Juli) trocken.
Wandhöhe: ca. 450 m, Kletterlänge: ca. 370 m, Zeit: ca. 4 bis 5 Std.
Zustieg: Von Bach im Lechtal auf schmalem Sträßchen (mehrere Fahrverbotsschilder, jedoch nur aus Haftungsgründen) hinauf nach Madau und weiter bis zur Materialseilbahn der Memminger Hütte (P), ca. 1420 m. Auf Pfad das Parseiertal hinauf. Oberhalb eines Abschnittes mit vielen Zickzackkehren, bei den ersten Felsen befindet sich die Schafgufel (Bretterverschlag, Trinkwasser, Nächtigungsmöglichkeit, ca. 1½ Std.). Von hier ins Parseier Grieß und die Rinne zur Südwand der Freispitze hinauf. Einstieg zwischen zwei markanten überhängenden Zonen (dort, wo sich das Kar aufsteilt). Die Route folgt zunächst einer ca. 30 m unter Überhängen nach rechts hinausführenden Plattenrampe. Die Haken unterhalb stammen von anderen Routen bzw. Versuchen! Man steigt immer an der Wand entlang hoch, bis man über eine sich aufsteilende brüchige Mergelrampe (ca. 150 m) zum Einstieg hinaufgelangt. Ca. 2½ Std.
Abstieg: wie Tour 67.

66 Freispitze (2884 m)
Südwand, „Tatanga Mani“

Erstbegeher: J. Brandauer und G. Frei, 1984.
Schwierigkeit: VI bis VI+ (2 Stellen), meist V bis VI–.
Charakter: wie Tour 65, jedoch moralisch sehr anspruchsvoll, da nicht überall gut abzusichern (Platten). Abseilen über die Route kaum möglich.
Wandhöhe: ca. 450 m, Kletterlänge: ca. 370 m, Zeit: ca. 4 bis 5 Std.
Zustieg und Abstieg: wie Tour 65.

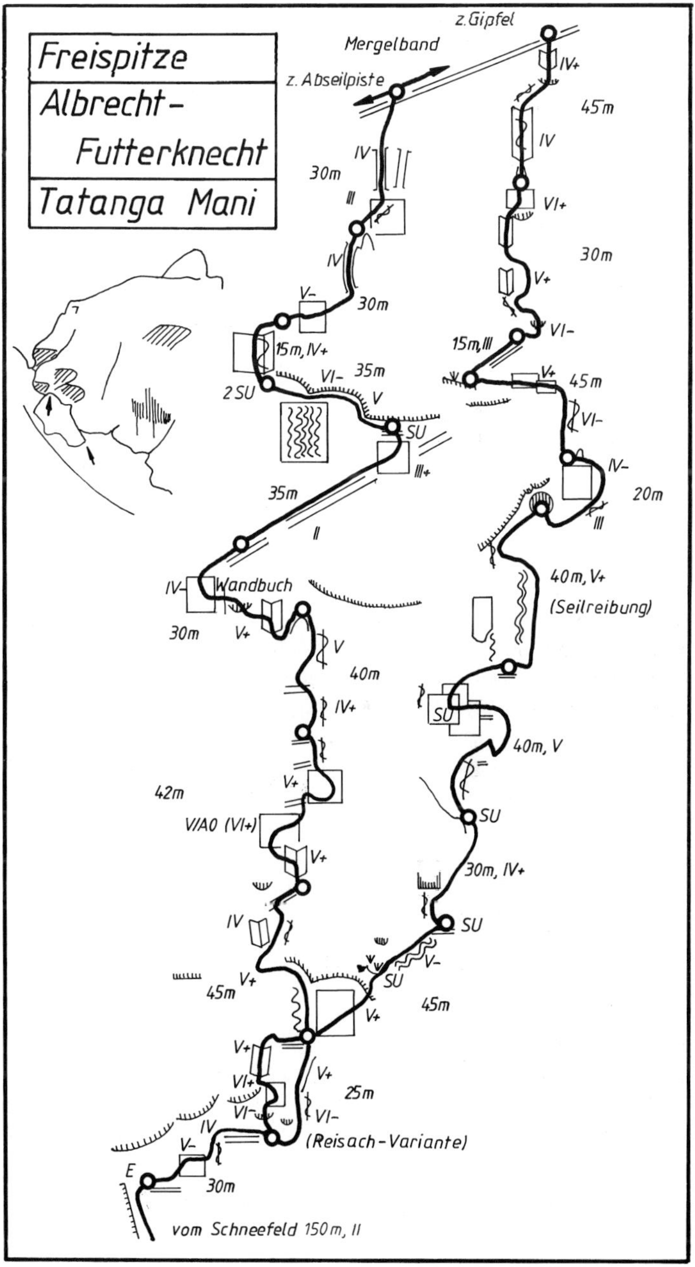
Freispitze
Albrecht-Futterknecht
Tatanga Mani
z. Gipfel
Mergelband
z. Abseilpiste
IV+
45m
IV
30m
IV
III
VI+
30m
V+
IV
V-
30m
VI-
15m, III
15m, IV+
VI- 35m
2 SU
V
V+
45m
VI-
SU
III+
IV-
20m
35m
III
II
40m, V+
(Seilreibung)
IV-
Wandbuch
30m
V+
V
40m
IV+
SU
40m, V
42m
V+
V/A0 (VI+)
SU
V+
30m, IV+
IV
SU
V-
V+
45m
SU
45m
V+
V+
V+
VI+
25m
VI-
VI-
IV
V-
(Reisach-Variante)
E
30m
vom Schneefeld 150m, II

67 Freispitze (2884 m) Südwand, „Schreck-Heel"

Erstbegeher: M. Schreck und P. Heel, 1969.
Schwierigkeit: VI (1 bis 2 Stellen), meist V bis V+, A1 (Stelle). Frei VII–.
Charakter: Im unteren Teil athletische Wandkletterei (auch technisch möglich, A1/VI–), dann herrliche, mäßig steile Wasserrillenkletterei. Die früher unmäßig zahlreichen Bohrhaken wurden auf ein erträgliches Maß reduziert.
Wandhöhe, Kletterlänge, Zeit: Wie Tour 65.
Zustieg: Wie Tour 65.
Abstieg: Vom Gipfel kurz links, dann eine Rinne westl. hinab und weiter über einen Mergelrücken bis es möglich ist, links in eine Mulde abzusteigen (schwache Trittspuren). Am tiefsten Punkt der Mulde geht der Fels wieder in festen Kalk über. Eine Rippe etwa 60 m abklettern (II) und links in einer Rinne kurz aufsteigen zum Kamm der Freispitzscharte. Diesen südl., also Richtung Rote Platte, entlang bis fast zu seinem Ende (Abseilschlinge). Einmal abseilen oder abklettern (II), und weiter in brüchigem Mergel abklettern, bis die Steilheit abnimmt und man das Kar erreicht. Ca. 1½ bis 2 Std., langwierig und in letzter Zeit weniger begangen, jedoch für Gebietsunkundige u. U. vorzuziehen. Weitere Möglichkeit: Abseilen. Am äußerst westl. Ende des Mergelbandes (Steinmann) erste Abseilkette. 1x40 m, 1x45 m, 1x20 m bis in die Freispitzscharte abseilen.
Weitere Routen: Bedingt durch ihre abgeschiedene Lage mitten in den Lechtaler Bergen ist es um die Freispitze sehr lange ruhig geblieben. Erst ein Beitrag von Marcus Lutz und die Fotos von Wolfgang Mayr im AV-Jahrbuch 1984 machten die Wand einer breiteren Öffentlichkeit bekannt. Doch es waren weiterhin vorwiegend Allgäuer Kletterer, die zwischen 1984 und 1987 einen wahren Neutourenboom erzeugten. Kaum eine Wand weist auf derartiger Breite eine so geschlossene Wandflucht aus bestem Fels auf. Routennamen sollen hier nicht verraten werden; es sei nur gesagt, daß man an Ort und Stelle detaillierte Informationen vorfindet.

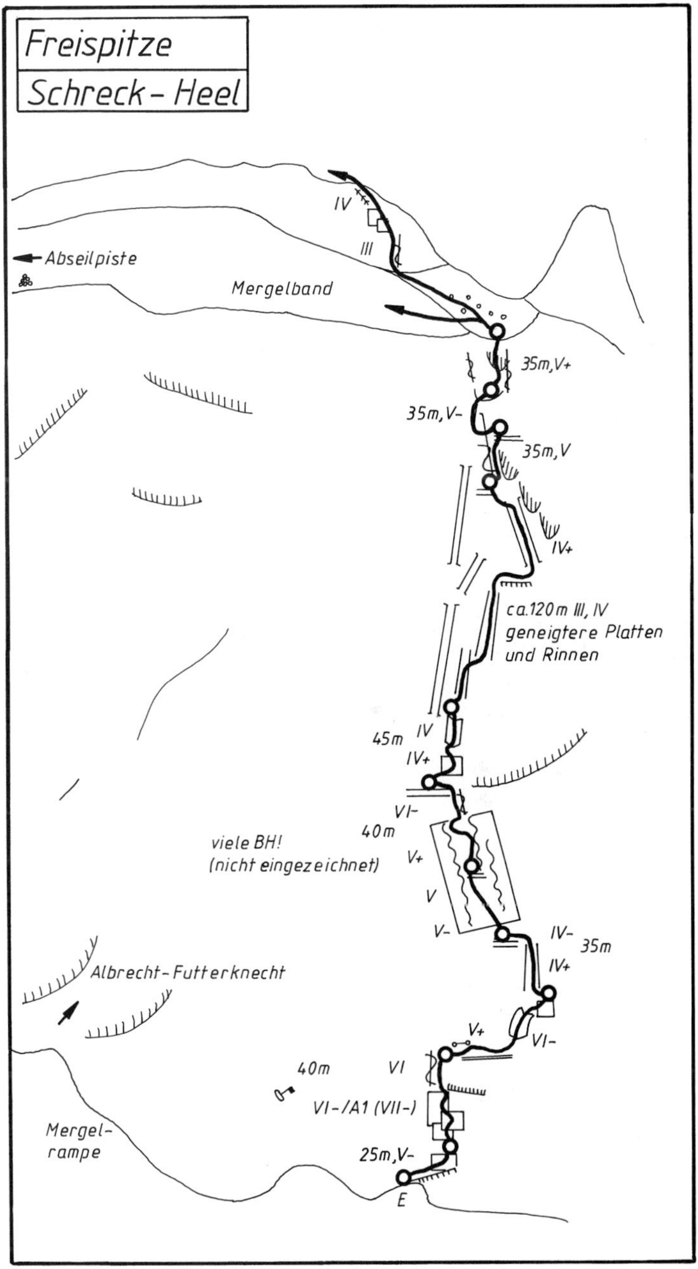
Freispitze
Schreck - Heel
IV
III
Abseilpiste
Mergelband
35m, V+
35m, V-
35m, V
IV+
ca.120m III, IV
geneigtere Platten
und Rinnen
45m
IV
IV+
VI-
40m
viele BH!
(nicht eingezeichnet)
V+
V
V-
IV-
35m
IV+
Albrecht-Futterknecht
V+
VI-
40m
VI
VI-/A1 (VII-)
Mergel-
rampe
25m, V-
E

68 Krähe (2012 m) Nordostpfeiler

Erstbegeher: K. Sohler und B. Bitzer, 1946.
Schwierigkeit: VI (oft), nur im unteren Teil wenig leichter, A1 (mehrere Passagen). Frei VII.
Charakter: Schwere, jedoch abwechslungsreiche Kletterei an meist sehr gutem Fels. Viele Haken in den schwersten SL. Der früher berüchtigte Hangelquergang in der vorletzten SL wird heute nicht mehr geklettert. Man richtet sich gleich am Beginn der Hangelleiste auf und balanciert auf dieser nach links zu den nächsten Haken.
Kletterlänge: ca. 270 m, Zeit: ca. 3 bis 5 Std.
Zustieg: Vom Wankerfleck (siehe Tour 62) auf undeutlichem Steig zunächst links, dann rechts des Gumpenbaches ins Gumpenkar und dieses weiter weglos hinan. Zuletzt dem Steig zum Fensterl und Hochplatte folgend direkt unter die Wand. Ca. 2 Std. Einstieg etwas rechts der Fallinie des linken von zwei in Wandmitte auslaufenden Pfeilern, bei einem überhängenden, kurzen Rißkamin.
Abstieg: Am Grat nach links zum Fensterl und über den markierten Steig hinunter zum Wandfuß.

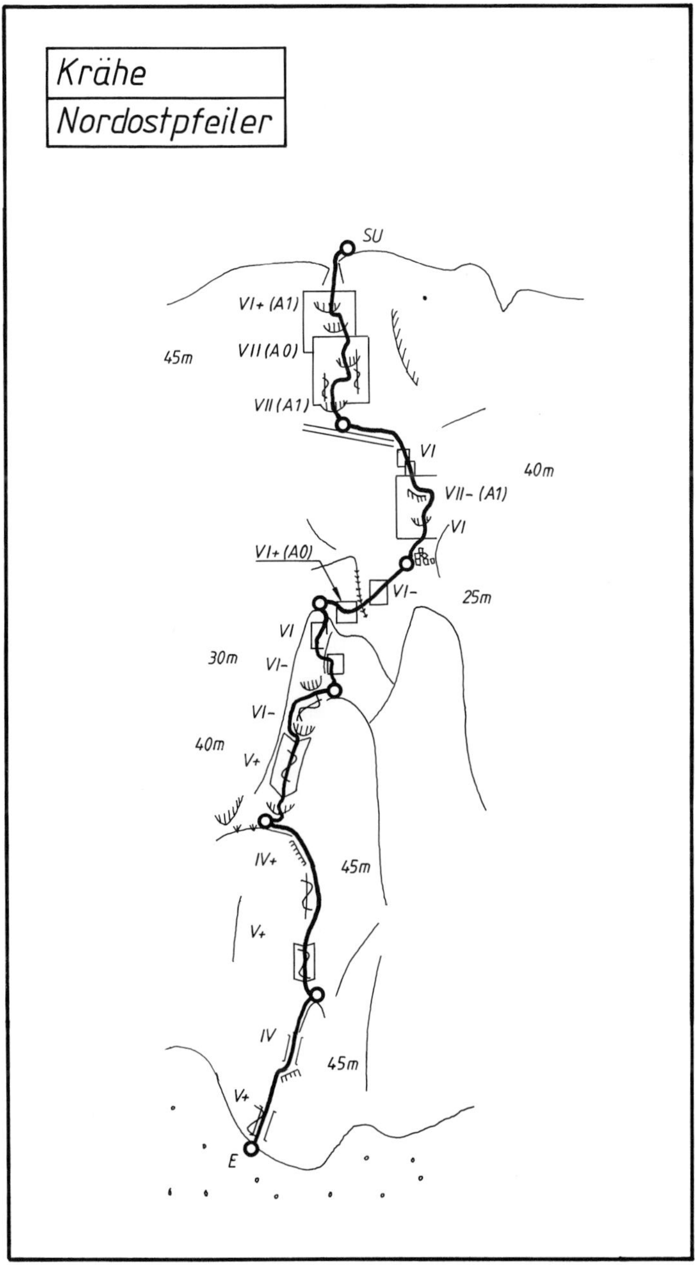
Krähe
Nordostpfeiler
SU
VI+ (A1)
VII (A0)
45m
VII (A1)
VI
40m
VII- (A1)
VI
VI+ (A0)
VI-
25m
VI
30m
VI-
VI-
40m
V+
IV+
45m
V+
IV
45m
V+
E

69 Rote Wand (2704 m)
Südwand, „Akrobat schöön“

Erstbegeher: W. Muxel und L. Brunner, 1983.
Schwierigkeit: VII– (1 SL), meist um VI.
Charakter: Extreme Genußkletterei; eine der schönsten und schwersten dieses Bandes. Meist hervorragender Plattenfels. Kann einwandfrei abgesichert werden.
Wandhöhe: ca. 320 m, Kletterlänge: ca. 400 m, Zeit: ca. 4 bis 5 Std.
Zustieg: Von Lech am Arlberg auf Mautstraße zum Formarinsee (P), 1850 m. Vom Parkplatz gerade nördl. über einen begrünten Rücken hinauf bis zum Rand einer Karrenfläche und über einen plattigen Rücken und schließlich durch eine Rinne unter die Südwand der Roten Wand. Einstieg am Fuß eines auffallenden Pfeilers links einer markanten gelben Riesenverschneidung. Ca. 1½ Std. Man darf sich beim Zustieg nicht nach links, in Richtung des westl. Wandendes abdrängen lassen, da man von dort aus den Winkel der markanten gelben Verschneidung nicht einsehen kann!
Abstieg: Über den O-Grat hinunter und zum Wandfuß zurück. Eine Abkürzung ist möglich wie folgt: Von einem kleinen Sattel (Steinmann) im Abstiegssinn rechts zu einem großen Block hinüber. Unter diesem erste Abseilstelle (20 m). Dann in mäßig schwierigem Gelände ca. 20 m eine Rinne hinab bis zur zweiten Abseilstelle (25 m). Danach über leichtes Gelände nach rechts zum Wandfuß hinausqueren (ca. ¾ Std.).
Weitere Routen: Das „Herbstgold“ (VII–) verläuft links des Pfeilers des „Akrobaten“ und trifft mit diesem auf dem Pfeilerkopf zusammen. Bei den Touren im linken (westl.) Teil der Roten Wand ist der brüchige Mergelgürtel im oberen Wandteil immer breiter.

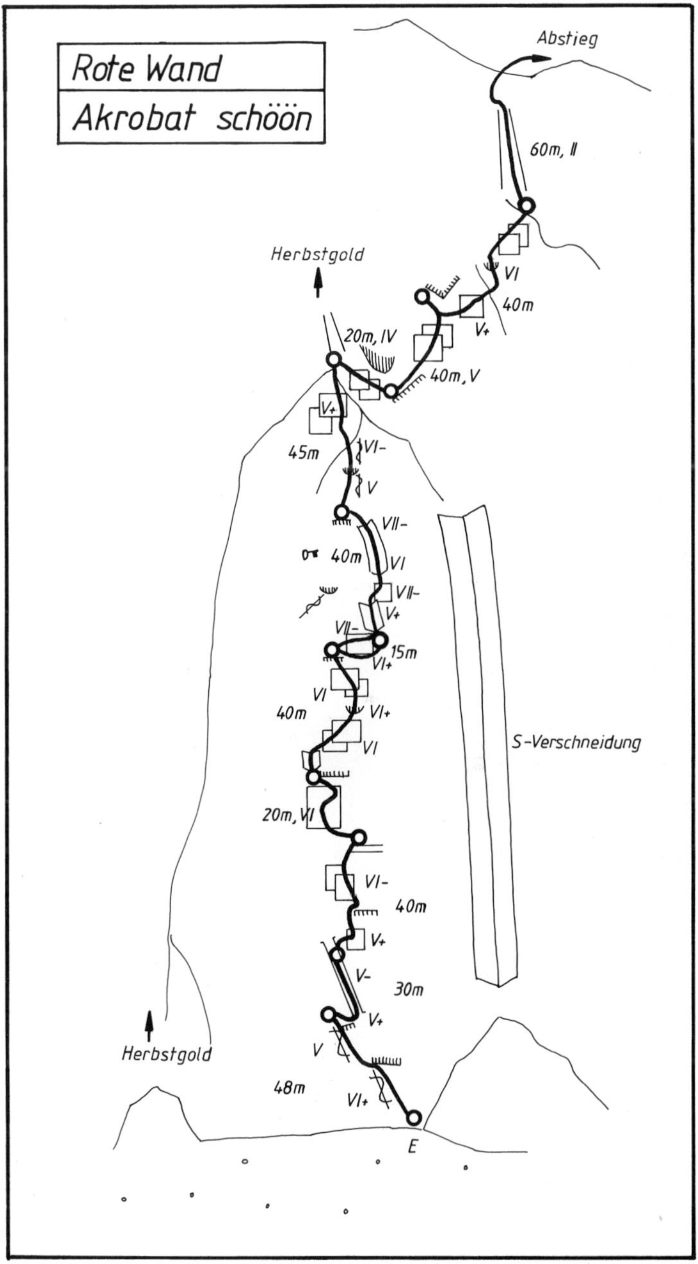
Rote Wand
Akrobat schööön
Abstieg
60m, II
Herbstgold
VI
40m
V+
20m, IV
40m, V
V+
45m
VI-
V
VII-
40m
VI
VII-
V+
VII-
15m
VI+
VI
40m
VI+
VI
S-Verschneidung
20m, VI
VI-
40m
V+
V-
30m
V+
Herbstgold
V
48m
VI+
E

Das Rätikon

dürfte, genaugenommen, gar nicht in einem Führer der Nördlichen Kalkalpen stehen. Denn die Geologen rechnen es trotz seines Aufbaus aus Kalk schon zu den Zentralalpen, weil der Mechanismus seiner Faltung und Verschiebung mit jenem der Zentralalpen übereinstimmt. Zum Glück brauchen wir Kletterer das nicht so genau zu nehmen.
Vor einem Jahrhundert noch galt die Drusenfluh, die markanteste Berggestalt der Gruppe, als unersteiglich. Bis dann am 14. August 1870 der Bergführer Christian Zudrell aus Schruns im Alleingang auf den Gipfel stieg und seine Initialen in die Felsen meißelte: „C. Z. 70“. Erst volle 18 Jahre später fand der Zweitbegeher, Dr. Karl Blodig, der Augenarzt, der mit 90 noch operierte, der Viertausendersammler, der seine Sammlung noch mit 73 in kühnen Alleingängen komplettierte, fand dieser Dr. Blodig Zudrells Inschrift. Blodig schrieb nur “C. Z. 70“ auf eine Postkarte und schickte sie nach Schruns. „Gratuliere zur Drusenfluh“, kam es ebenso lakonisch zurück.
Die größte Herausforderung im Rätikonfels waren natürlich die 500-m-Südwände der Drusenfluh und der Drei Drusentürme. Emanuel

Die Kirchlispitzen von Süden.

Strubich, ein Schneidergeselle aus Böhmen, im Elbsandsteingebirge groß geworden, der barfuß und von Haferbrei lebend wochenlang durch die Alpen zog, nahm sie an. Am 21. August 1921 durchstieg er die Drusenfluh-Südwand „allein, ohne künstliche Hilfsmittel, ohne Mauerhaken, Sicherungsringe oder Stifte". Heutige Bewertung: IV+. Ein halbes Jahr später starb Strubich den Lawinentod.

1930 durchkletterte der junge Pforzheimer Lehrer Walter Stößer, eine der tragischen Idealgestalten jener „heroischen" Jahre, die Südwand auf direkter Route. Sein Bericht vom toten Alleingänger Diechtl, dessen Leiche sie in der Wand fanden, und vom Durchstieg in der Gewitterhölle bleibt denkwürdig.

Der Südwand des Großen Drusenturms haftete lange ein ganz besonderer Nimbus an. 1933 war sie vom Bregenzer Ernst Burger erstmals durchstiegen worden, und alle folgenden Begeher hatten seine frei gekletterte Schlüsselstelle („ungewöhnlich schwierig") respektvoll und hakentechnisch umgangen. Erst 1979 erhielt dieser Riß seine zweite Begehung und wurde mit VII– eingestuft ...

Dennoch: Mit dem Klettern ging es im Rätikon erst nach dem Zweiten Weltkrieg richtig los. Bis dahin gab es zum Beispiel in den 15 km langen Südwänden zwischen Kirchlispitzen und Sulzfluh insgesamt zehn Klettertouren. Die Vierziger waren die Jahre der Wiener (Karl Neumann und Willi Stanek) und der Vorarlberger (Toni Hiebeler), während bei den Schweizern das extreme Felsklettern noch in Kinderschuhen steckte. Das änderte sich mit den Fünfzigern gründlich. In der Ostschweiz war eine starke Klettergeneration herangewachsen, allen voran die unermüdlichen Leute Max Niedermann, Wisi Fleischmann, Seth Abderhalden. Der „Schweizerpfeiler" am Großen Drusenturm (Niedermann und Fleischmann, 1954) ist die heute wohl berühmteste und beliebteste klassische Extremtour des Rätikons. Auch in den Sechzigern waren es vor allem Kletterer aus Graubünden, die Neuland im Rätikon suchten und fanden: Vital Eggenberger, Jöri Bardill, Toni Holdener, Hermann Heinzle u. a.

Wiederum helvetische und diesmal auch noch vorarlbergische Kletterer bestimmen in unseren Tagen die Entwicklung. Hier muß vor allem Martin Scheel erwähnt werden, der den IX. Schwierigkeitsgrad im Rätikonfels einführte, und der dies in sportlich fairem Stil, also mit Anbringen der Sicherungen von unten tat.

70 Dritte Kirchlispitze (2552 m) Nordverschneidung

Erstbegeher: W. Brög und W. Ries, 1968.
Schwierigkeit: IV+ (1 SL), sonst leichter.
Charakter: Eine der schönsten leichteren Genußklettereien des Rätikons. Die Verschneidung ist u. U. länger naß, dabei aber trotzdem kletterbar.
Wandhöhe: ca. 200 m, Zeit: ca. 2 Std.
Zustieg: Von Brand zur Lünerseebahn-Talstation (P), 1565 m, und zur Douglasshütte, 1797 m, hinauf. Um den See herum zur Lünerseealm und südwestl. ansteigend bequem zum Wandfuß der Dritten Kirchlispitze. Ca. 2 Std. Oder wie bei Tour 73 zum Grüscher Älpli und entweder über das Schweizer Tor und das Verajöchl oder über das Cavelljoch zum Einstieg.
Abstieg: Auf der S-Seite wenige Meter rechts in den Sattel abklettern und über Schutt oder Schnee zurück zum Einstieg auf der N-Seite.
Weitere Routen: Sehr bekannt und viel begangen ist die N-Kante der Dritten Kirchlispitze (IV+).

71 Dritte Kirchlispitze (2552 m) Nordwand, „Herbstwind“

Erstbegeher: N-Wand: L. Dünser und W. Amann, 1982.
Schwierigkeit: IV– (2 Stellen), meist II bis III.
Charakter: Genußkletterei; vorwiegend an Platten. Haken stecken nicht, doch viele Möglichkeiten für Klemmkeile und Zackenschlingen.
Wandhöhe: ca. 250 m, Zeit: ca. 2 Std.
Zustieg und Abstieg: wie Tour 70.

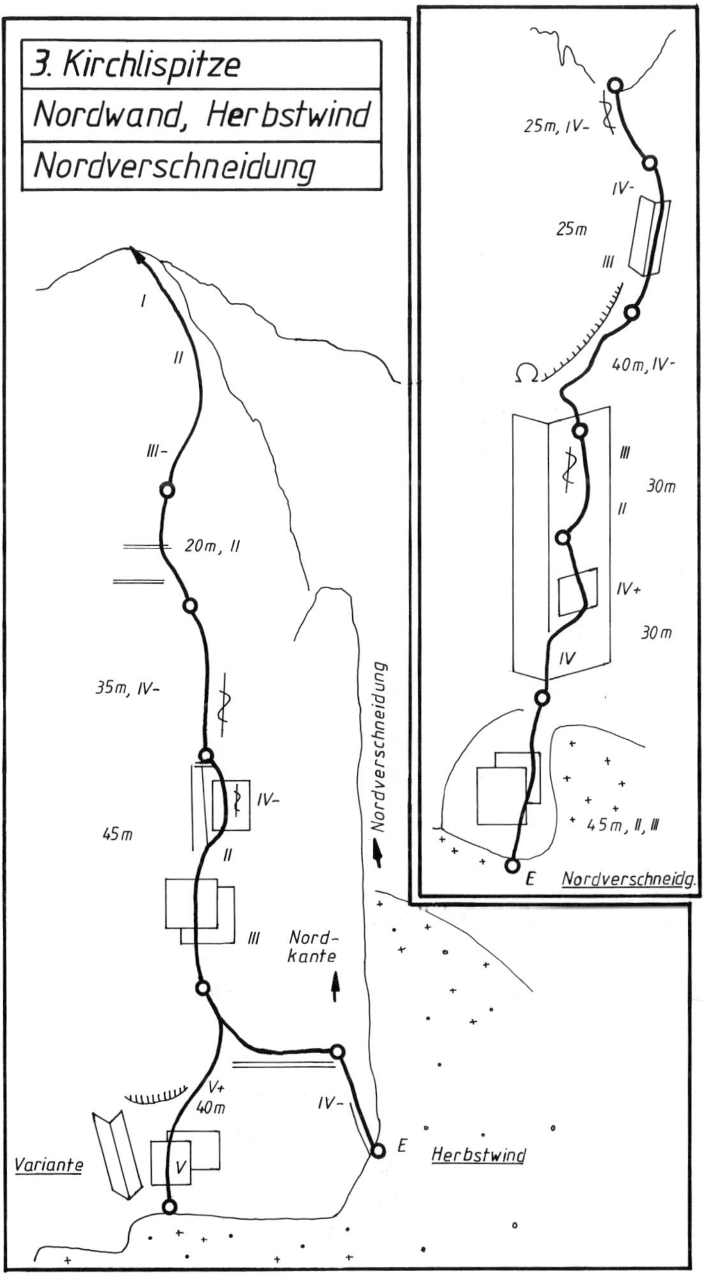
3. Kirchlispitze
Nordwand, Herbstwind
Nordverschneidung
I
II
III-
20m, II
35m, IV-
IV-
45m
II
III
Nord-
kante
Nordverschneidung
V+
40m
IV-
Variante
V
E
Herbstwind
25m, IV-
IV-
25m
III
40m, IV-
III
30m
II
IV+
30m
IV
45m, II, III
E
Nordverschneidg.

72 Kleiner Drusenturm (2754 m) Südwand-Kaminreihe

Erstbegeher: O. Dietrich, 1924
Schwierigkeit: V+ (Stelle, auch A0 möglich), meist III bis V–.
Charakter: Ein Schmankerl für Kaminspezialisten. Trotz überwiegend guten Felses erhöhte Steinschlaggefahr, bedingt durch die Gerölltrichter über den Kaminen und Rinnen! Erst im Hochsommer trocken. Wegen der Behinderung in den Kaminen mit möglichst kleinem Gepäck antreten.
Wandhöhe: ca. 400 m, Zeit: ca. 3 bis 5 Std.
Zustieg: Von Dalfazza bei Küblis im Prättigau nach St. Antönien hinauf. Weiter Richtung Partnun, bis zum großen Parkplatz bei Untersäß (P), 1641 m. Auf Wanderweg zur Carschinahütte, 2235 m. Oder: Von St. Antönien auf Alpstraße bis Bärgli, 2052 m, und auf Höhenweg zur Hütte. Von hier zunächst auf dem Weg zum Drusentor und dann unter die Drusentürme. Von S ist nur der Große Turm mit seinen mächtigen Pfeilern und rechts von ihm der schlanke Kleine Turm am Ende der Wandflucht sichtbar. Von der tiefsten Scharte gleich links des Gipfelaufbaues zieht eine mehrfach unterbrochene, tiefe Kaminreihe zum Wandfuß herab. An sie hält sich der Durchstieg. Einstieg ca. 50 m westl. ihres Fußpunktes, links eines kleinen Vorbaues. Ca. 2 Std. von Untersäß, 1¼ Std. von Bärgli.
Abstieg: Der Gipfel kann vom Ausstieg nach rechts emporsteigend (W-Flanke und S-Grat, 20 bis 30 Min., II) erreicht werden. Vom Ausstieg über Schneefelder und Wegspuren den Sporertobel hinab in den Sattel südl. des Sporerturms. Über eine Steilstufe ostwärts hinab in ein riesiges Blockfeld hinab und dieses südöstl. in Richtung Drusentor queren. Auf Wanderweg zur Carschinahütte zurück (ca. 2 Std.).
Weitere Routen: Als eine der beliebtesten Genußklettereien des Rätikons gilt die SO-Wand („Dietrich-Mader") des Kleinen Drusenturms (V–/A0).

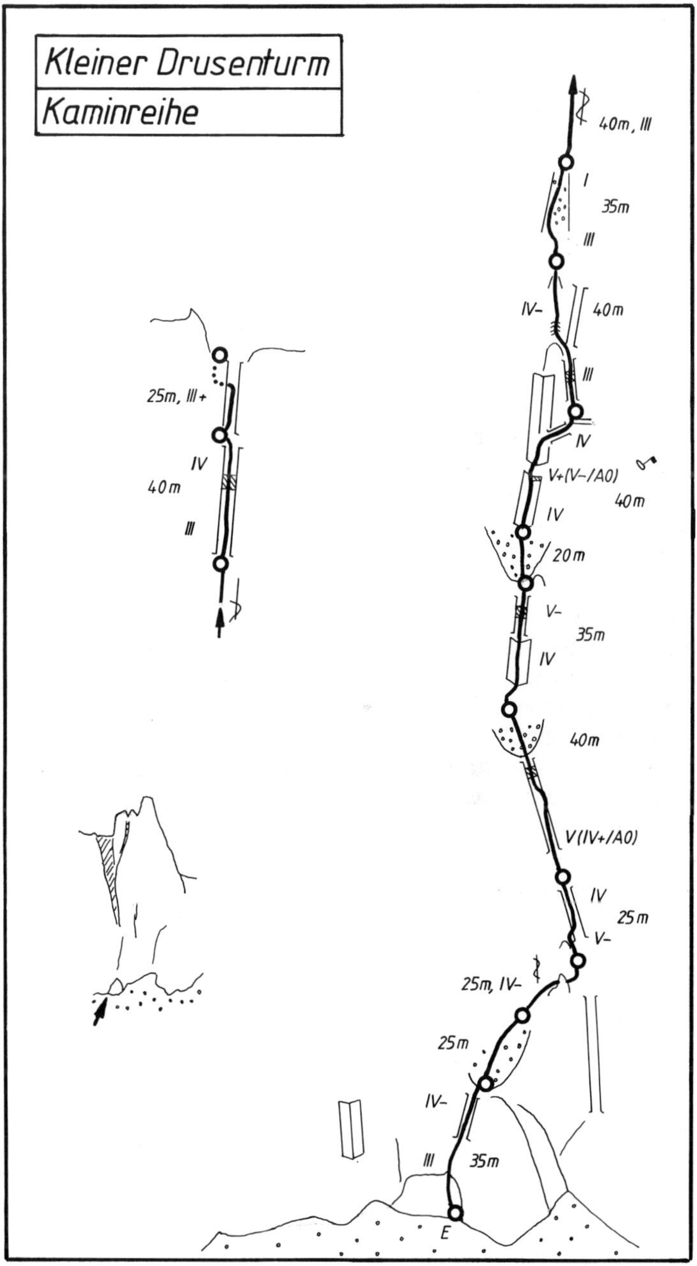
Kleiner Drusenturm
Kaminreihe
40m, III
I
35m
III
IV–
40m
III
IV
V+(V–/A0)
40m
IV
20m
V–
35m
IV
40m
V(IV+/A0)
IV
25m
V–
25m, IV–
25m
IV–
III
35m
E
25m, III+
IV
40m
III

73 Sechste Kirchlispitze (2370 m) Südpfeiler, „Neuseeländerweg“

Erstbegeher: B. Sprecher und J. Flütsch, 1973.
Schwierigkeit: V+ (mehrere Passagen), meist IV, 2 Stellen A0. Frei VI–.
Charakter: Schöne, interessante Freikletterei in festem Fels. Kamine u. U. länger naß.
Wandhöhe: ca. 300 m, Zeit: ca. 3 bis 4 Std.
Zustieg: Von Schiers im Prättigau zum Gasthof Schuders hinauf und weiter auf schmalem Alpsträßchen zum Grüscher Älpli, 1631 m. Kurz dahinter, bei einem kleinen Hüttli (evtl. Unterkunft) Parkplatz. Zum Schweizertor hinauf und nach links unter die Kirchlispitzen. Deren äußerster rechter Gipfel, die Siebente Kirchlispitze, wirkt wie ein schmales Anhängsel seines linken Nachbarn, der Sechsten Kirchlispitze. Diese wiederum ist durch eine tiefe Scharte von der wesentlich höheren Fünften Kirchlispitze getrennt. Einstieg fast in Fallinie dieser Scharte. Ca. 1 Std.
Abstieg: Über den O-Grat in die Scharte zwischen Sechster und Siebenter Kirchlispitze abklettern (III oder 1x20 m abseilen) und über Grasbänder und Platten, die O-Flanke der Siebenten Kirchlispitze querend, zum Schweizertor hinab. Ca. ½ Std.
Weitere Routen: Im allgemeinen ist die Felsqualität an der Fünften, Sechsten und Siebenten Kirchlispitze besser als an den westl. Gipfeln. Beliebt sind z. B. die „Haldejohli“ (VI–/A1) an der Fünften oder die „Via Andres“ (VI+/A1) an der Siebenten Kirchlispitze.

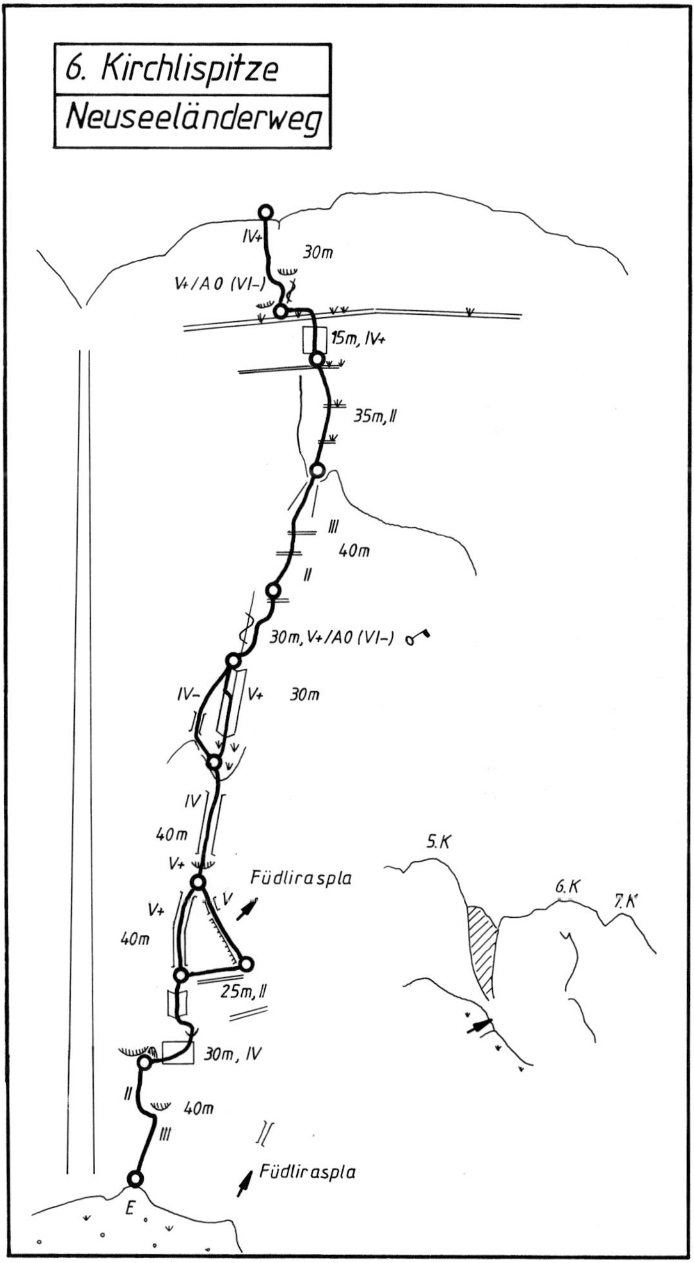
6. Kirchlispitze
Neuseeländerweg
IV+
30m
V+/A0 (VI–)
15m, IV+
35m, II
III
40m
II
30m, V+/A0 (VI–)
IV–
V+
30m
IV
40m
V+
Füdliraspla
V+
40m
V
25m, II
30m, IV
II
40m
III
Füdliraspla
E
5.K
6.K
7.K

74 Sulzfluh, Westgipfel (2812 m) Südwestwand, Direktvariante

Erstbegeher: Direktvariante: P. Arigoni und H. Baldauf, 1964.
Schwierigkeit: V+ (durchgehend).
Charakter: Sehr schöne Rißkletterei.
Wandhöhe: ca. 300 m, Zeit: ca. 3 bis 4 Std.
Zustieg: Wie bei Tour 72 zur Carschinahütte. Von der Hütte über den Grasrücken nach N und auf Steigspuren über die Schutthalde zum Wandfuß. Den brüchigen Schrofenvorbau ersteigt man rechts und zielt auf das markante Rißsystem, welches von seinem höchsten Punkt hinaufzieht. Ca. 3/4 Std. von der Hütte.
Abstieg: Auf markiertem Pfad durch den Gemstobel nach Partnun hinab. Will man zur Carschinahütte, so ist folgender Abstieg am günstigsten: Vom W-Gipfel nach NW, am Rand der Wände entlang bis in die 4. Scharte (gelblicher Fels, Steinmann). Durch eine kurze Rinne in die NW-Wand hinab und auf Geröllbändern und Felsstufen zunächst westl., dann südwestl. bis auf eine ebene Schulter des W-Grates (Steinmann). Rechtshaltend durch eine Schuttrinne nach S und vor einem Abbruch rechts aus dieser heraus und über Grasschrofen auf das Geröllfeld im Kar (Stellen II). Ca. 1 Std. Achtung auf Schnee (Frühjahr!) und Steinschlag.

75 Sulzfluh, Westgipfel (2812 m) Südwestwandriß, „Prättigauer Riß“

Erstbegeher: J. Bardill und U. Hew, 1973.
Schwierigkeit: VI+ (3 SL), sonst IV bis V, A1 (Stelle). Frei VII.
Charakter: Außergewöhnlich schöne und schwierige Rißverschneidung; eine der elegantesten Klettertouren der ganzen Ostschweiz. 2 Friends Nr. 4 und Hex bis 11 empfohlen. Nur die ersten 2 SL sind brüchig. Auf trockene Verhältnisse achten!
Wandhöhe: ca. 350 m, Zeit: ca. 5 bis 6 Std.
Zustieg: Wie bei Tour 74 zum Wandfuß der Sulzfluh-SW-Wand. Zu einem Kopf ihres rechten Begrenzungspfeilers zieht eine markante Rißverschneidung empor.
Abstieg: wie bei Tour 74.

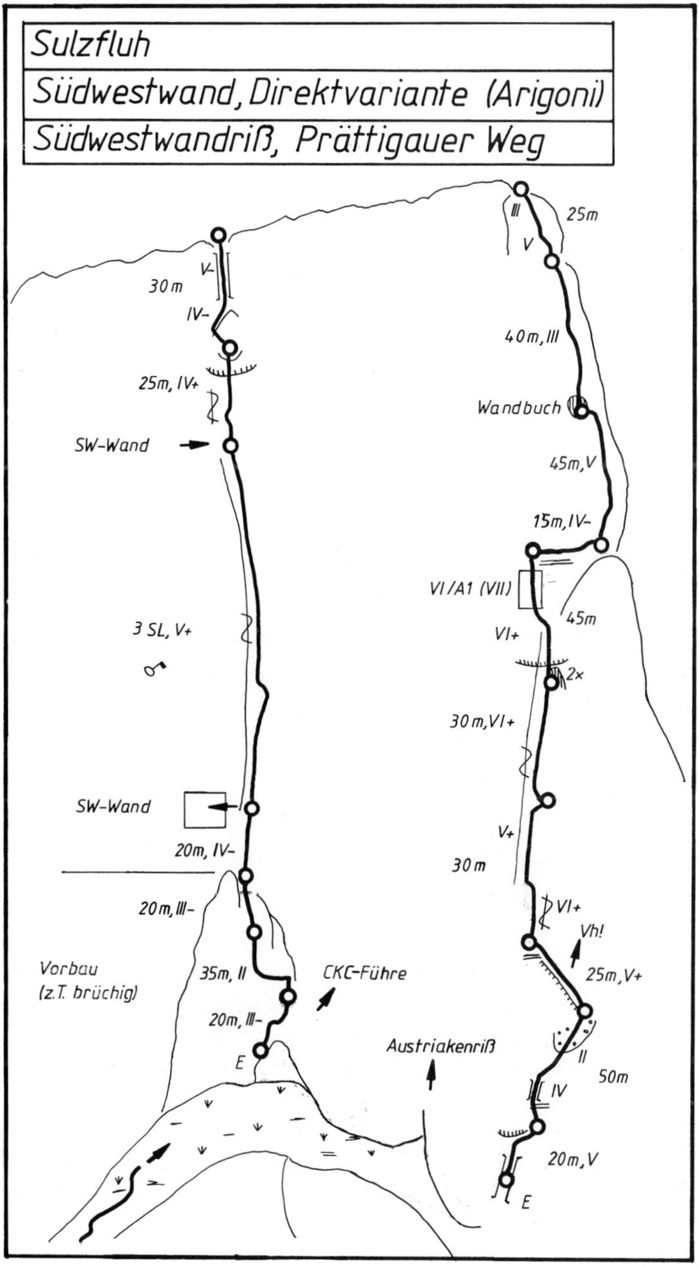
Sulzfluh
Südwestwand, Direktvariante (Arigoni)
Südwestwandriß, Prättigauer Weg
30 m
V-
IV-
25m, IV+
SW-Wand
3 SL, V+
SW-Wand
20m, IV-
20 m, III-
Vorbau
(z.T. brüchig)
35m, II
20m, III-
E
CKC-Führe
Austriakenriß
III
25m
V
40 m, III
Wandbuch
45m, V
15m, IV-
VI/A1 (VII)
45m
VI+
2×
30 m, VI+
V+
30 m
VI+
Vh!
25m, V+
II
50m
IV
20 m, V
E

76 Drusenfluh, Westgipfel (2727 m) Südwand, „Mauerläufer"

Erstbegeher: V. Eggenberger und S. Furger, 1983.
Schwierigkeit: VI+ (1 oder 2 Stellen), oft V+ bis VI, A1 (2 Stellen).
Charakter: Äußerst anspruchsvolle Plattenkletterei, aber eine der schönsten Touren des Rätikons. In den schweren SL fester, rauher Fels. Die Schlüsselstelle in den ersten Metern ist ein so gut wie gar nicht abzusichernder „Plattenschleicher". Im Frühling meist naß.
Wandhöhe: ca. 400 m, Zeit: ca. 5 bis 7 Std.
Zustieg: Wie bei Tour 73 zum Grüscher Älpli. Auf dem Wanderweg zum Drusentor bis unter die langen Südwände der Drusenfluh. Diese ziehen vom Schweizereck kontinuierlich leicht ansteigend zum P. 2628, dem gleich der West- und schließlich der Hauptgipfel der Drusenfluh folgen. Zwischen dem W-Gipfel, der mit seinem S-Pfeiler tief in der Geröllreiße fußt, und dem Hauptgipfel ist eine markante Schlucht eingeschnitten, zu der ein Kegel der Geröllreiße hinaufzieht. Einstieg etwa in halber Höhe dieses Kegels, ca. 100 m unter dem Beginn der Schlucht, 15 m rechts einer markanten gelben Verschneidung. Ca. 1¼ Std.
Abstieg: Weitläufiges Gehgelände, ohne Sicht schwer zu finden! Über Geröll, Felsplatten und Gras zunächst nach N ausholend in den Imhofsattel (Steinmänner, Spuren). Dann nach W in ein weites Schotterkar hinab , wieder nördl. über Felsplatten und zuletzt über Gras auf den von der Lindauer Hütte zum Schweizertor führenden Wanderweg. Auf diesem zum Grüscher Älpli hinab. Ca. 2 Std.
Weitere Routen: Am Drusenfluh-Westgipfel ist vor allem der Täppeliweg (VI+/A1) links des Mauerläufers zu erwähnen.

Zur vorangegangenen Doppelseite:
Abstieg von der Drusenfluh.

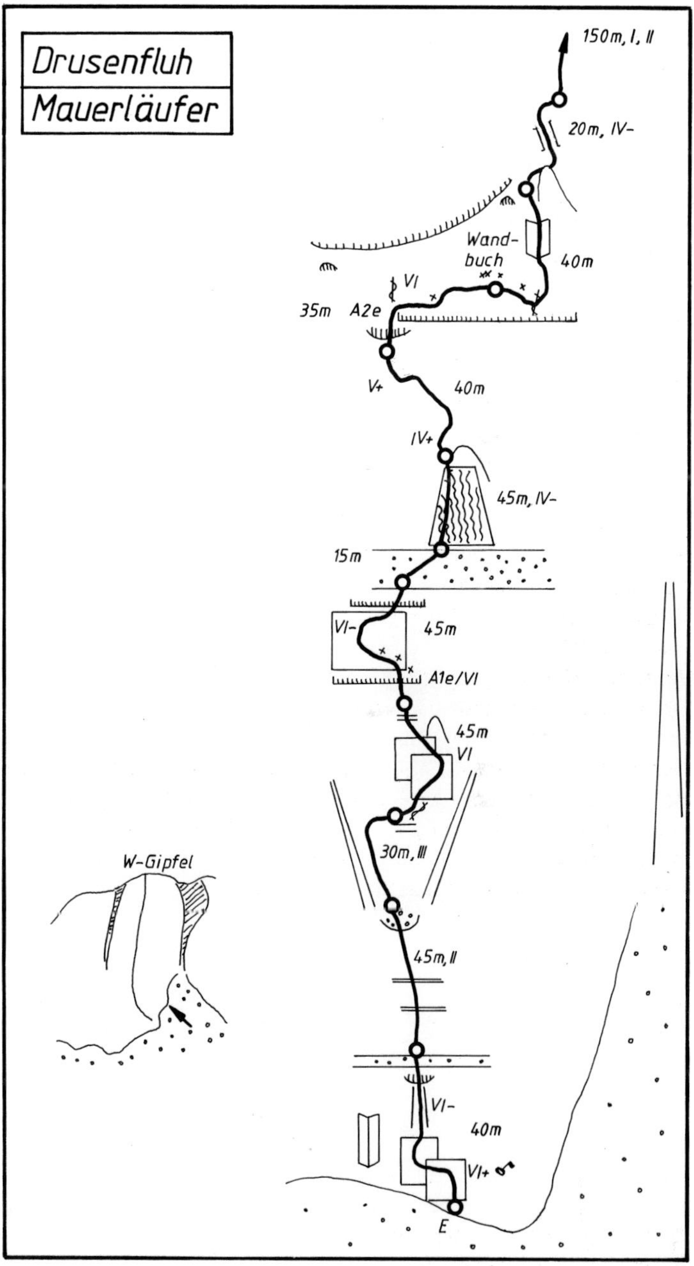
Drusenfluh
Mauerläufer
150m, I, II
20m, IV-
Wand-
buch
40m
VI
35m
A2e
V+
40m
IV+
45m, IV-
15m
VI-
45m
A1e/VI
45m
VI
30m, III
45m, II
VI-
40m
VI+
E
W-Gipfel

Der Alpstein

zählt auch nicht mehr zu den Nördlichen Kalkalpen, sondern zum Helvetikum der Westalpen. Mit ihm beginnt schon die lange Kette der hervorragenden Kalkstein-Klettergebirge der Schweiz.
Als Aussichtsberg ist der von einer Seilbahn „heimgesuchte" höchste Alpsteingipfel, der Säntis (2504 m), bekannt und viel besucht.
In der Sportkletterszene ist in letzter Zeit der Wildhauser Schafberg wegen seiner Neunerrouten berühmt geworden. Der durchschnittliche Extremketterer oder der, der mittlere Schwierigkeiten sucht, findet nach unserer Überzeugung jedoch anderswo abwechslungsreichere Touren: an den Kreuzbergen, am Altmann, an der Freiheit und die prächtigen, schwierigen Touren am Moor.

Oben: Der Erste Kreuzberg mit seinem Ostgrat über dem Rheintal.

Links: Fernblick auf Wildhauser Schafberg und Moor. Man erkennt die halbmondförmige Felshöhle am Einstieg des „Seth-Abderhalden-Gedächtnisweges".

77 Erster Kreuzberg (1884 m) Direkter Ostgrat

Erstbegeher: P. Hell und P. Schafflützel, 1937.
Schwierigkeit: IV+ (mehrfach), im oberen Teil über weite Strecken leicht, A0 (mehrere Stellen).
Charakter: Eine der längsten und lohnendsten Klettereien des Alpsteingebietes; landschaftlich besonders eindrucksvoll.
Kletterlänge: ca. 450 m, Zeit: ca. 4 bis 5 Std.
Zustieg: Von Rofisbach zwischen Sax und Gams im Schweizer Rheintal auf Forststraße hinauf bis zu deren Ende (813 m, auf der LKS als „Nasseel" bezeichnet, P) und weiter über die Unteralp in Richtung Saxer Lücke. Vor dieser, in etwa 1550 m, auf kleinem Weg nach links in Richtung Roslenalp abzweigen und noch ein Stück hinauf, bis man waagerecht an den Fuß des Ostgrates hinausqueren kann. Ca. 1½ Std.
Abstieg: siehe Skizze bei Tour 80.

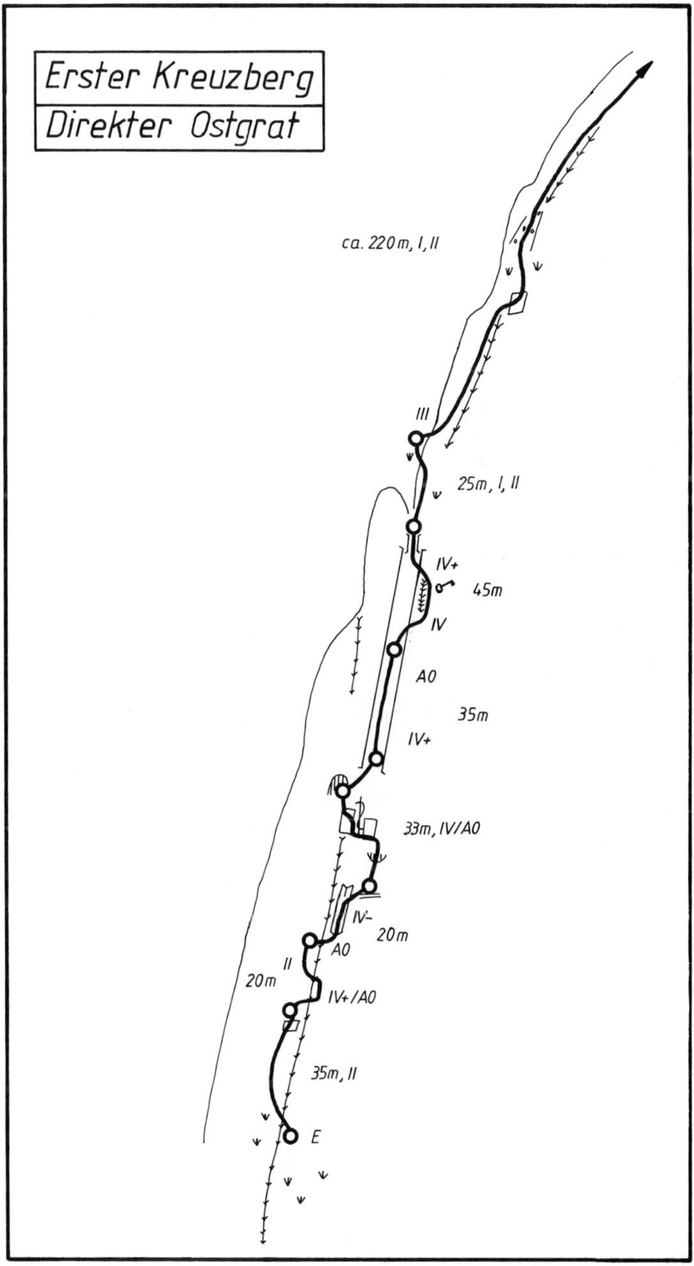
Erster Kreuzberg
Direkter Ostgrat
ca. 220m, I, II
III
25m, I, II
IV+
45m
IV
A0
35m
IV+
33m, IV/A0
IV-
20m
A0
II
20m
IV+/A0
35m, II
E

78 Dritter Kreuzberg (2020 m) Nordwand, „Sandührliweg“

Erstbegeher: nicht bekannt.
Schwierigkeit: V+ (Stelle), meist IV bis V.
Charakter: Genußkletterei in festem Fels mit zahlreichen natürlichen Sicherungsmöglichkeiten.
Kletterlänge: ca. 170 m, Zeit: ca. 2 bis 3 Std.
Zustieg: Wie bei Tour 77, jedoch weiter auf dem Weg zur Roslenalp. Gegenüber steht der Dritte Kreuzberg. Durch seine N-Wand zieht in Gipfelfallinie eine breite, in eine Schlucht auslaufende Rinne herab. Einstieg in deren Fallinie. Ca. 2 Std.
Abstieg: Über den Gipfelgrat nach W und durch eine mächtige Schlucht (enger Durchschlupf) hinab; man erreicht die Scharte zwischen dem Dritten und Vierten Kreuzberg von S. Weiter über eine Rampe linkshaltend hinab (Spuren, ½ Std.).
Weitere Routen: Tips gibt's auf der Roslenalp.

79 Dritter Kreuzberg (2020 m) Alte Nordwand („Schafflützel-Nord“)

Erstbegeher: P. Hell und P. Schafflützel, 1938.
Schwierigkeit: VI– (Stelle), anhaltend V, A0 (mehrere Stellen). Frei VI+.
Charakter: Schöne, schwierige Tour, guter Fels.
Wandhöhe: ca. 200 m, Kletterlänge: ca. 150 m, Zeit: 3 bis 4 Std.
Zustieg und Abstieg: wie bei Tour 78.

Dritter Kreuzberg
Nordwand (Schafflützel)
Sandührliweg

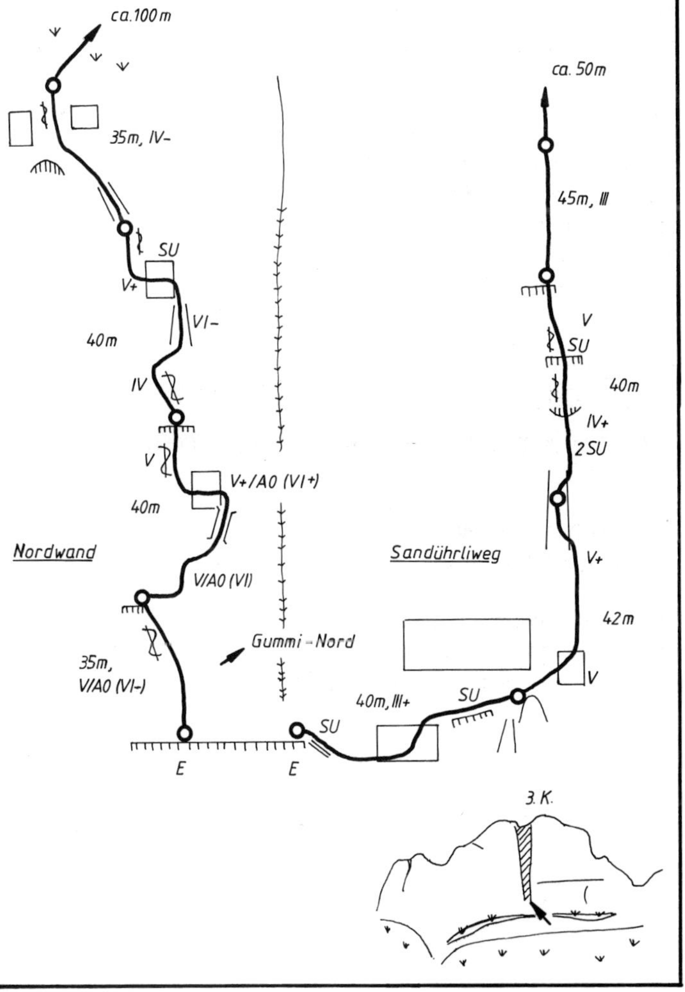

80 Erster Kreuzberg (1884 m)
Alte Nordwand

Erstbegeher: F. Bürke und A. Künzle, 1943.
Schwierigkeit: VI– (Stelle), meist IV bis V+, A0 (Stellen). Frei VII–.
Charakter: Sehr schöne Klettertour in bestem Fels. Gute natürliche Sicherungsmöglichkeiten.
Wandhöhe: ca. 200 m, Kletterlänge: ca. 280 m, Zeit: ca. 2 bis 4 Std.
Zustieg: Wie bei Tour 77, doch vor Erreichen der Roslenalp unter die N-Wand des Ersten Kreuzberges. Ca. 1½ Std.
Abstieg: siehe Skizze.
Weitere Routen: Die Nordwandrouten an den Kreuzbergen sind eher genußreich und viel kürzer als die Südwandrouten, die außerdem noch unangenehme Schrofenvorbauten aufweisen. Detaillierte Informationen gibt's auf der Roslenalp.

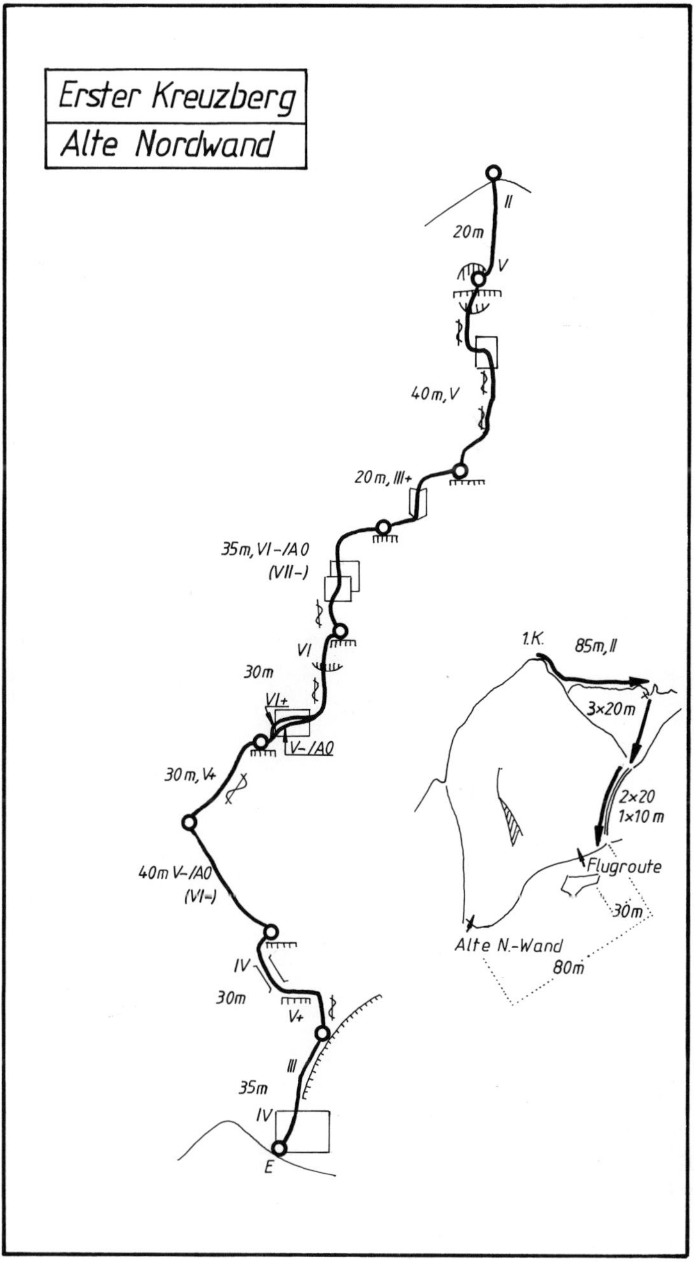
Erster Kreuzberg
Alte Nordwand
II
20m
V
40m, V
20m, III+
35m, VI–/A0
(VII–)
VI
30m
VI+
V–/A0
30m, V+
40m V–/A0
(VI–)
IV
30m
V+
III
35m
IV
E
1.K.
85m, II
3×20m
2×20
1×10 m
Flugroute
30m
Alte N.-Wand
80m

81 Erster Kreuzberg (1884 m) „Flugroute“

Erstbegeher: H. Frommenwiler und M. Niedermann, 1953.
Schwierigkeit: VI– (2 Passagen), oft V und V+, A0 (2 Stellen). Frei VI.
Charakter: Sehr schöne, in der Gesamtschwierigkeit nicht zu unterschätzende Klettertour.
Wandhöhe: ca. 200 m, Kletterlänge: ca. 230 m, Zeit: ca. 3 bis 4 Std.
Zustieg und Abstieg: wie bei Tour 80.

In der Moor-Südwand.

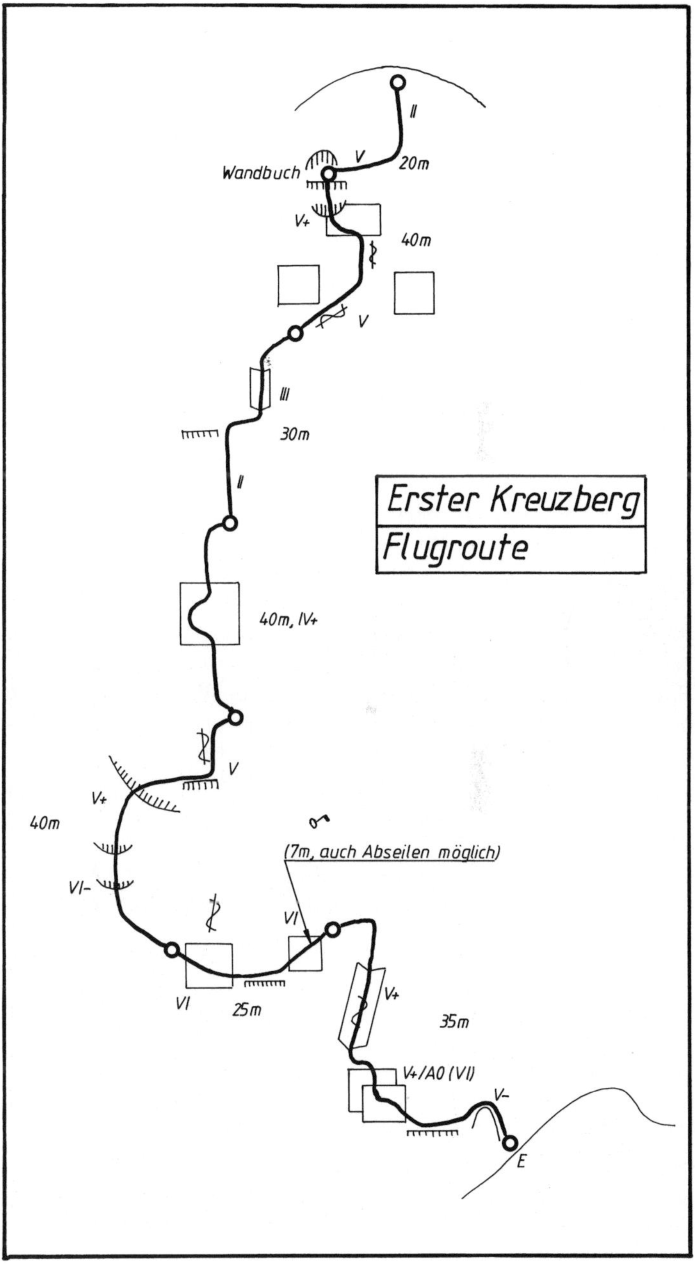
Erster Kreuzberg
Flugroute
II
Wandbuch
V
20m
V+
40m
V
III
30m
II
40m, IV+
V
V+
40m
VI–
(7m, auch Abseilen möglich)
VI
VI
25m
V+
35m
V+/A0 (VI)
V–
E

82 Moor, Südgipfel (2248 m) Südwand, „Seth-Abderhalden-Gedächtnisweg"

Erstbegeher: P. Forrer und H. Wöhrle, 1962.
Schwierigkeit: VI, A0, A1 (anhaltend, außer der ersten und der letzten SL). Frei VII+.
Charakter: Großartig schöne, schwere, ausgesetzte Klettertour! Auch früh und spät im Jahr begehbar.
Wandhöhe: ca. 200 m, Zeit: ca. 4 bis 6 Std.
Zustieg: Vom Parkplatz der Gamplüt-Sesselbahn (P) in Wildhaus, ca. 1100 m, zuerst kurz auf breitem Weg, dann auf Pfad abbiegend durch den Flürentobel hinauf zur Alp Tesel im Wildhuser Schafboden. Von hier gerade über einen Rücken zum markanten W-Pfeiler des Moors mit der tiefen, charakteristischen Höhle am Einstieg. Ca. 2 Std.
Abstieg: Der Abstieg über den Moor-Hauptgipfel ist sehr lang und im Frühjahr ein unangenehm steiles Schneefeld. Der Beginn der Abseilpiste (gebohrte Haken), die vom letzten Standplatz des „KCG-Weges" im rechten Teil der S-Wand hinabführt, dürfte schwer zu finden sein. Als beste Lösung erscheint es demnach, von der Schulter aus abzuseilen; entweder über den W-Pfeiler oder über den „Seth-Abderhalden-Weg" selbst. Haken und Reepschnur mitnehmen! Beide Abseilfahrten sind sehr luftig! Beim Abseilen über den Abderhalden-Weg muß man mit der dritten Abseillänge die Schuppe am Ende der zweiten Seillänge pendelnd erreichen.
Weitere Routen: Mehrere prächtige, ausgesetzte, schwere Routen, z. B. der W-Pfeiler, der „KCG-Weg", die S-Wand des linken Wandteils und die etwas leichtere Alte S-Wand des rechten Wandteils (VI–).

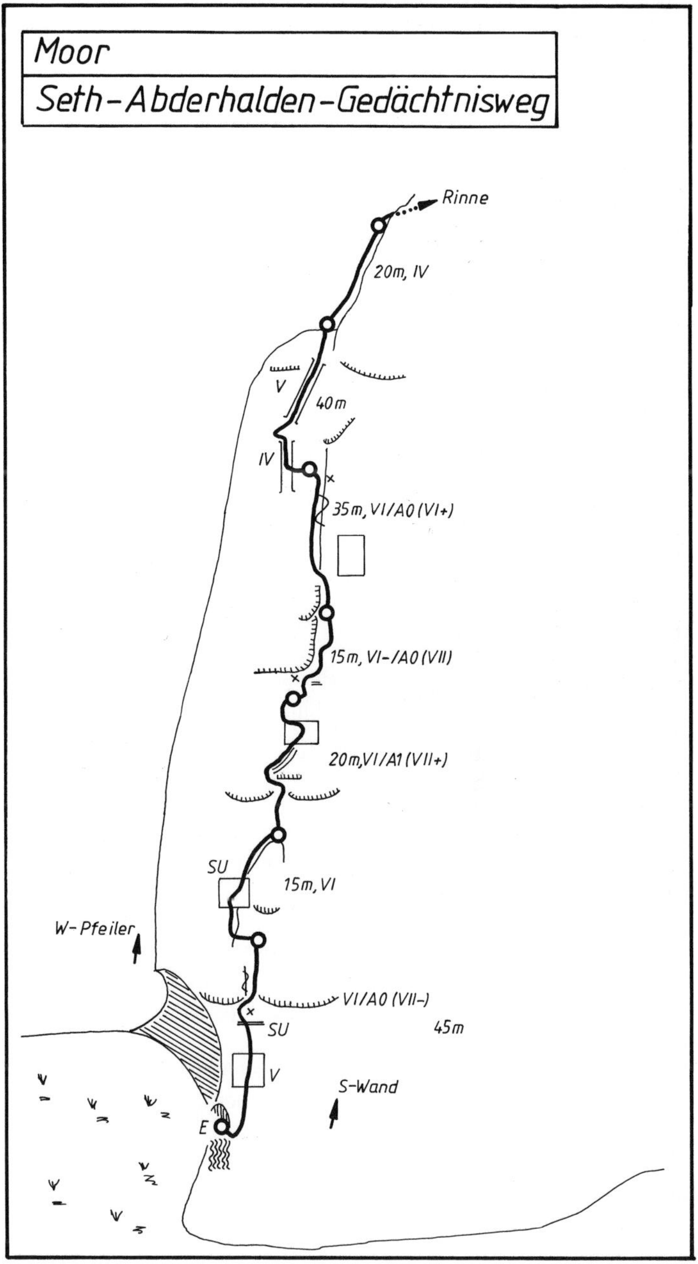
Moor
Seth-Abderhalden-Gedächtnisweg
Rinne
20m, IV
V
40m
IV
35m, VI/A0 (VI+)
15m, VI-/A0 (VII)
20m, VI/A1 (VII+)
SU
15m, VI
W-Pfeiler
VI/A0 (VII-)
SU
45m
V
S-Wand
E

Literatur

BLÜMEL, Dieter: Kletterführer Lechtaler Alpen. Heiterwandgebiet, Muttekopfgruppe, Imst: Eigenverlag 1988

BRANDSTÄTTER, Peter: Kletterführer Steinplatte, Eigenverlag, 1985

EGGENBERGER, Vital: Kletterführer Rätikon, Bern: SAC 1988

END, Willi: Alpenvereinsführer Dachsteingebirge, Bd. Ost/West, München: Rother 1980

END, Willi: Alpenvereinsführer Gesäuseberge, München: Rother 1988

HÄRTER, Günther; BEULKE, Stefan; PFANZELT, Helmut: Alpenvereinsführer Wetterstein, München: Rother 1984

KLIER, Heinrich; MÄRZ, Fritz: Alpenvereinsführer Karwendelgebirge, München: Rother 1984

KRENMAYR, Ludwig; RABEDER, Gernot und Gisbert: Alpenvereinsführer Totes Gebirge, München: Rother 1982

KUBIN, Andreas; HEINL, Josef: Wettersteingebirge, Germering: Odyssee 1988

KÜHNHAUSER, Bernhard; SCHÖNER, Helmut; ZELLER Max: Alpenvereinsführer Berchtesgadener Alpen, München: Rother 1990

MÜLLER, Wolfgang: Wilde Kaiser Topos, Germering: Odyssee 1988

PAUSE, Walter; WINKLER, Jürgen: Im extremen Fels, München: BLV 1977

PRECHT, Albert: Alpenvereinsführer Hochkönig, München: Rother 1990

PRECHT, Albert: Alpenvereinsführer Tennengebirge, München: Rother 1986

SCHALL, Kurt; WAGNER, Bruno; WOLF, Hubert: Kletterführer Gesäuse, Wien: Schall 1984

SCHUBERT, Pit; ZEIS, Wolfgang: Alpenvereinsführer Kaisergebirge, München: Rother 1990

SCHWEIZER ALPEN-CLUB: Säntisführer, Bern: SAC

SEIBERT, Dieter; LUTZ, Marcus: Alpenvereinsführer Ammergauer Alpen, München: Rother 1990

Register

Die Angaben beziehen sich auf die Seitenzahlen des Führers.